Band 309

OutdoorHandbuch

**Matthias Hanke
& Simone Reimann**

Abenteuer Yukon
3.000 Kilometer mit dem Kanu durch Kanada und Alaska

FernwehSchmöker

Abenteuer Yukon

die **OUTDOOR** Verlage

Mit uns nach draußen

Copyright Conrad Stein Verlag GmbH.
Alle Rechte vorbehalten.

Der Nachdruck, die Übersetzung, die Entnahme von Abbildungen, Karten, Symbolen, die Wiedergabe auf fotomechanischem Wege (z.B. Fotokopie) sowie die Verwertung auf elektronischen Datenträgern, die Einspeicherung in Medien wie Internet (auch auszugsweise) sind ohne vorherige schriftliche Genehmigung des Verlages unzulässig und strafbar.

Alle Informationen, schriftlich und zeichnerisch, wurden nach bestem Wissen zusammengestellt und überprüft. Sie waren korrekt zum Zeitpunkt der Recherche. Eine Garantie für den Inhalt, z.B. die immerwährende Richtigkeit von Preisen, Adressen, Telefon- und Faxnummern sowie Internet-Adressen, Zeit- und sonstigen Angaben, kann naturgemäß von Verlag und Autor - auch im Sinne der Produkthaftung - nicht übernommen werden.

Der Autor und der Verlag sind für Lesertipps und Verbesserungen (besonders per E-Mail) unter Angabe der Auflagen- und Seitennummer dankbar.

Dieses OutdoorHandbuch hat 192 Seiten mit 24 farbigen Abbildungen, 46 Flussroutenkarten sowie 1 farbige Übersichtskarte. Es wurde auf chlorfrei gebleichtem Papier gedruckt, in Deutschland klimaneutral hergestellt und transportiert (die Zertifikatnummer finden Sie auf unserer Internetseite) und wegen der größeren Strapazierfähigkeit mit PUR-Kleber gebunden.

OutdoorHandbuch aus der Reihe „FernwehSchmöker", Band 309

ISBN 978-3-86686-357-6   1. Auflage
© BASISWISSEN FÜR DRAUSSEN, DER WEG IST DAS ZIEL und FERNWEHSCHMÖKER sind urheberrechtlich geschützte Reihennamen für Bücher des Conrad Stein Verlags

Dieses OutdoorHandbuch wurde konzipiert und redaktionell erstellt vom Conrad Stein Verlag GmbH, Postfach 1233, 59512 Welver, Kiefernstraße 6, 59514 Welver, ☎ 023 84/96 39 12, FAX 023 84/96 39 13, info@conrad-stein-verlag.de, www.conrad-stein-verlag.de.

Unsere Bücher sind überall im wohl sortierten Buchhandel und in cleveren Outdoorshops in Deutschland, Österreich und der Schweiz erhältlich.
Auslieferung für den Buchhandel:

D	Prolit, Fernwald und alle Barsortimente
A	freytag & berndt, Wolkersdorf
CH	AVA-buch 2000, Affoltern und Schweizer Buchzentrum
I	Leimgruber A & Co. OHG/snc, Kaltern
BENELUX	Willems Adventure, LT Maasdijk
E	mapiberia f&b, Ávila

Text und Fotos: Matthias Hanke & Simone Reimann
Text „Kleiner Reiseführer": Dieter Reinmuth, überarbeitet und aktualisiert von Matthias Hanke
Topografische Karte: Heide Schwinn
Flussroutenkarten: Carsten Tolkmit, bearbeitet von Manuela Dastig
Lektorat: Julia Kaufhold
Layout: Manuela Dastig
Gesamtherstellung: AZ Druck und Datentechnik GmbH, Kempten

Titelfoto: Grizzly beim Lachsfang

Inhalt

Abenteuer Yukon	8
1. Einleitung	10
2. Wie alles begann	11
3. Es geht los	17
4. Evelyn	28
5. Die Rapids	39
6. Goldrausch	49
7. Auf nach Alaska	62
8. Am Polarkreis	68
9. In der Wüste	74
10. Die Brücke	84
11. Auge in Auge	93
12. On Yukon Time	108
13. Endspurt mit Hindernissen	126
Kleiner Reiseführer von Whitehorse nach Dawson City	138
Von Whitehorse nach Carmacks	139
Von Carmacks nach Dawson City	158

Reisetipps von A bis Z — 182

Anreise	182	Kanadier, Kajak oder Floß?	184
Angeln	182	Post und Telefon	185
Ausrüstung	182	Sicherer Umgang mit Bären	185
Geld	183	Verpflegung	186
Gesundheit	183	Wasser	187
Information	184	Wetter	187

Ausrüstung und Verpflegung für 2 Personen — 188

Bekleidung	188
Persönliches/Tagesbedarf	189
Küche	190
Verpflegung	190

Über die Autoren

Jahrgang 1967 („war ein guter Jahrgang"), kein Sternzeichen, keine Religion, kein Piercing, gelernter Bankkaufmann, ist seit mehr als 16 Jahren als Fotojournalist unterwegs. 1994 gelang ihm erstmals die Durchquerung Afrikas nur mit öffentlichen Verkehrsmitteln auf der Route Marokko-Kapstadt. Seit dieser Zeit ist er auch mit seinen Diashows im deutschsprachigen Raum unterwegs. Er hat außerdem mehrere Bildbände veröffentlicht, mehr Infos unter 💻 www.MatthiasHanke.de

Im Sommer 2010 befuhr er zusammen mit seiner Freundin Simone Reimann den 3.000 Kilometer langen Yukon bis zu seiner Mündung in die Beringsee mit einem Kanu. Das gelingt übrigens jedes Jahr (wenn überhaupt) nur einer Handvoll Leuten - ganz im Gegensatz zum Mt.Everest, dessen Gipfel jedes Jahr mehrere hundert Leute erreichen.

Mitautorin und Reisebegleiterin: Jahrgang 1968, Sozialpädagogin, seit 2009 nur noch nebenberuflich, da das Reisen mit Matthias viel Zeit in Anspruch nimmt. Begeisterte Anhängerin von Natur- und Erlebnisreisen, seit der Yukon Expedition Lagerfeuerexpertin, in der Acryl- und Aquarellmalerei zuhause, Teilnahme an Ausstellungen für Kunst und Umweltschutz.

Die Texte von Simone sind *kursiv* dargestellt.

Symbole

	Achtung!		Hotel
	Bank		Information
	Bus		Kanuverleih
	Buchtipp		medizinische Versorgung
	Café		Polizei
	Campingplatz		Polst
	Dusche		Restaurant
	E-Mail		Supermarkt
	Entfernung		Tankstelle
	Faxnummer		Telefon
	Fototipp		Tipp
	geöffnet ...		Verweis
	Homepage		Waschmaschine

Besuchen Sie uns doch einmal auf unserer Homepage.

Dort finden Sie ...

... aktuelle Updates zu diesem Outdoor-Handbuch und zu unseren anderen Reise- und Outdoor-Handbüchern,
... Zitate aus Leserbriefen,
... Kritik aus der Presse,
... interessante Links,
... unser komplettes und aktuelles Verlagsprogramm & viele interessante Sonderangebote für Schnäppchenjäger.

www.conrad-stein-verlag.de

Traverse
Fluorcarbon-freie Wildmarks-Hose aus Lundhags' einzigartigem 65/35 ECO.

Testsieger!

Lundhags bietet eine breite Palette an Hosen: für all jene, die wissen, was man draußen in der Natur braucht, und höchste Ansprüche an Passform, Bewegungsfreiheit, Strapazierfähigkeit, Details und Umweltverträglichkeit stellen.

Rüste dich aus mit einer Traverse, unserem Bestseller, der unter anderem mit dem Editor's Choice des Outdoor Magazines ausgezeichnet wurde, oder mit Traverse Pro und Swiss, zwei weiteren anspruchsvollen Hosen für den Ganzjahreseinsatz. Für welches Modell Du Dich auch entscheidest: Es ist die richtige Wahl für alle Aktivitäten.

Bestelle unseren Katalog auf www.lundhags.se

1. Einleitung

Schweigend schauen wir auf den Fluss. Das ist er also. Der Yukon. Der fünftlängste Fluss Nordamerikas. Der Fluss der Abenteurer, Entdecker und Goldsucher. Der Fluss, der 30 Kilometer vom Meer entfernt entspringt, es aber erst 3.000 Kilometer später erreichen wird. Eine Gebirgskette, die Coast Mountains, verhindert den direkten Zufluss.

Und es ist unser Fluss. Vielleicht noch nicht in diesem Moment, aber er soll es werden. Zusammen mit einem Kanu, Zelt und Ausrüstung, Verpflegung und Kochutensilien wird er in den nächsten Monaten unser Zuhause sein.

3.000 Kilometer - wie viel ist das? Drei Stunden mit dem Flugzeug, 30 Stunden mit dem Auto. Und natürlich, so eine Strecke kann man auch mit dem Fahrrad zurücklegen. Wer gut zu Fuß ist und viel Zeit hat, kann die Distanz auch laufen. Die Luftlinie entspricht übrigens der Strecke von Braunschweig bis in die Sahara. Aber mit einem Kanu? Einiges ist mit dem Kanu sicherlich einfacher: Wir müssen unser Gepäck nicht tragen und durch die Strömung kommen wir auch dann zumindest ein kleines Stück voran, wenn wir den ganzen Tag über nicht paddeln. Einiges aber wird schwieriger. Zum einen kann man sich nicht aus dem Weg gehen, falls das einmal wünschenswert wäre. Und die Strömung legt die Richtung fest. Abstecher oder spontane Extratouren? Fehlanzeige. Bei einem Notfall zu Fuß Hilfe holen? Auf Grund der Abgeschiedenheit nicht möglich.

Aber darüber müssen wir uns heute keine Gedanken machen. Wir wollen den Yukon erkunden - und das geht nun einmal ausschließlich auf dem Wasser. Straßenanbindung gibt es nur am Anfang und zu Fuß ist ein Vorwärtskommen durch die Wälder und Sümpfe unmöglich. Getreu dem Motto „Einen Fluss kann man nur vom Fluss aus porträtieren" ist es unser Ziel, den Yukon bis zu seiner Mündung in die Beringsee zu befahren und aus der Tour mindestens Stoff für einen Diavortrag oder Film mitzubringen.

2. Wie alles begann

„Ich kann nicht mehr!", stöhne ich. Seit mehreren Stunden schon laufen wir durch Walmart, den Superstore und durch den Canadian Tire. Aber es ist gut, dass Whitehorse drei große Supermärkte hat, in denen alles, wirklich alles zu bekommen ist. Deshalb ist unser Startpunkt gut gewählt, denn aus Deutschland konnten wir nur einen geringen Teil unserer Ausrüstung mitbringen. Mehrere Listen müssen wir abarbeiten: Neben der Verpflegung für die nächsten Wochen brauchen wir noch diverse Ausrüstungsgegenstände. Und wenn man hier durch die Regalreihen läuft, fallen einem auch noch weitere Sachen auf, die man vielleicht gebrauchen könnte. Auch das Vergleichen der Preise kostet Zeit, lohnt sich aber. Deutlich über 1.000 Dollar werden wir am Ende des Shopping-Tages ausgegeben haben. Das Auto ist inzwischen fast voll, und dabei befinden sich unsere persönlichen Sachen noch bei unseren Gastgebern.

„Was heißt eigentlich Hefe auf englisch?", reißt mich Simone aus meinen Gedanken. „Keine Ahnung", entgegne ich. Der Begriff kam garantiert in der Schule nicht vor und ich habe noch niemals in Amerika Hefe gekauft. Ich spreche eine Kundin an und versuche zu erklären, was wir suchen. „Yeast", sagt sie und freut sich, dass sie uns helfen konnte. Drei Päckchen wandern in den Einkaufswagen und wieder kann eine Position auf der Liste durchgestrichen werden. Es folgen Suppenkelle, Backblech und ein Grillrost. Schließlich haben wir vor, überwiegend auf dem Lagerfeuer zu kochen und den Gaskocher nur als Reserve mitzunehmen.

„Es wird langsam weniger", sagt Simone tröstend zu mir. Egal, ich bin erst einmal reif für eine Kaffeepause. Wir steuern Tim Hortons an. Diese Fast-Food-Kette ist vergleichbar mit der US-amerikanischen Kette Dunkin Donuts und definitiv mein Favorit unter allen vergleichbaren Cafés. Nach einem großen Becher Kaffee mit Haselnussgeschmack und zwei Donuts sieht die Welt gleich wieder anders aus.

Für heute steht eine spannende Begegnung an. Wir lernen endlich den dritten Gefährten unserer Expedition kennen. Bisher wissen wir nur, dass er fünf Meter lang und dunkelgrün sein soll.

Es ist schon viele Monate her, dass wir uns mit Axel trafen. Axel ist bereits mehrmals mit kleinen Gruppen die Strecke von Whitehorse nach Dawson City gepaddelt. Sie misst etwa 700 Kilometer, ist der schönste Abschnitt des Yukon und aufgrund der schnellen Strömung in etwa 12 Tagen zu schaffen. Da beide Städte über eine gute Infrastruktur verfügen, allerlei Sehenswertes bieten und auf dem Land- und Luftweg leicht erreichbar sind, ist das Paddeln auf dieser Strecke sehr beliebt. Bis zu 2.000 Kanuten sollen es sein, die sich jedes Jahr auf den Weg machen - alleine oder zu zweit, aber überwiegend in der Gruppe. Und so gibt es in Whitehorse und Umgebung eine ganze Reihe von Veranstaltern und Kanu-Vermietern, die alles Notwendige zur Verfügung stellen und ihre Kunden nach der Ankunft in Dawson City mit Auto und Anhänger wieder abholen.

Zu unterschätzen ist die Strecke allerdings keinesfalls. Die einzigen nennenswerten Stromschnellen des Yukon liegen auf diesem Teil des Flusses und man ist tagelang von der Außenwelt abgeschnitten. Außerdem muss der Lake Laberge überquert werden, den Wetterumschwünge mit plötzlich entstehenden Wellen gefährlich machen können. Grundsätzlich ist der Yukon sehr kalt und die schnelle Strömung macht es jedem, der gekentert ist, schwer, wieder an Land zu kommen. Schon nach 15 Minuten droht Unterkühlung. Auch die meisten Todesfälle gibt es auf dieser Strecke, zu denen es überwiegend aufgrund falscher Ausrüstung und mangelnder Erfahrung kommt.

Axel mietet seine Kanus immer bei Thomas, einem Deutschen, der vor etwa zehn Jahren nach Kanada ausgewandert ist. Jeder Vermieter verkauft seine alten Boote irgendwann, weil die Kundschaft anspruchsvoll ist und jeder, der 400 Dollar für einen Trip auf dem Yukon ausgibt, natürlich gerne ein möglichst neues Kanu hätte. Darum nahmen wir Kontakt zu Thomas auf und fragten, ob er im nächsten Jahr ein Boot zu verkaufen hätte. Wir hatten Glück. Tatsächlich habe er noch ein Boot, dass er im nächsten Jahr verkaufen wolle, schrieb er zurück. Wir wurden uns schnell über den Preis einig, leisteten eine Anzahlung und unser Traum nahm langsam Formen an.

Vier Monate vor dem Abflug, nachdem meine Vortragssaison zu Ende war, ging es dann an die eigentliche Planung. Wir hatten inzwischen ein paar Bücher über ähnliche Touren gelesen und einige Tipps bekommen. Die Ausrüstungsliste wurde länger und länger. Zumindest was die Bekleidung anging, wollten wir uns aber in Deutschland komplett eindecken. Zelt, Isomatten und Schlafsäcke mussten auch mit. Dazu natürlich unbedingt einige Bücher für die Schlechtwettertage, die sicherlich kommen würden.

Unser Plan war, die Stadt Whitehorse auf einem der Wege zu erreichen, auf denen früher auch die Goldsucher angereist sind. Besonders beliebt war es, das Schiff durch die sogenannte Inside Passage zu nehmen, einen Seeweg, der von Kanada bis nach Alaska führt. Rund 1.000 Inseln liegen hier vor der Küste und schützen die Route vor dem rauen Pazifik. Vor dem Eintreffen europäischer Kolonisten war die Inside Passage von mehreren Indianerstämmen besiedelt. Wegen des reichhaltigen Nahrungsangebots an der Küste hatten sich, im Gegensatz zu den Stämmen auf dem Festland, feste Siedlungen und eine vielfältige Kultur gebildet. Ende des 18. Jahrhunderts wurde die Inside Passage von Forschungsreisenden „entdeckt".

Wir gehen in Bellingham im Staat Washington an Bord der Fähre, die uns in vier Tagen nach Skagway bringen soll. Das Ganze ähnelt ein wenig der norwegischen Hurtigruten. Auch hier werden einige Orte angefahren, die auf dem Landwege gar nicht oder nur schwer zu erreichen sind. Dies trifft übrigens auch auf Juneau, die Hauptstadt Alaskas zu. Sie ist nur aus der Luft oder auf dem Seewege zu erreichen.

An Bord sind allerdings heute keine Goldsucher, sondern überwiegend Touristen. Wir genießen kurz nach der Abfahrt den Anblick des schneebedeckten Mount Rainer in der Abendsonne. Auch am Morgen haben wir Glück, als wir kurz vor fünf schon auf Deck sind und die aufgehende Sonne die Küste in goldenes Licht taucht. Die ersten Aufnahmen für diesen Tag sind schon vor dem Frühstück im Kasten. Dabei soll es dann allerdings auch bleiben. Der Himmel zieht zu, es nieselt den ganzen Tag. Den Stopp in Juneau verschlafe ich komplett, aber drei Uhr morgens ist nun auch wirklich nicht meine Zeit. Da der Hafen viele Kilometer außerhalb der Stadt liegt, hätten wir vermutlich sowieso nicht viel gesehen.

Auch während der restlichen Zeit auf der Fähre bleibt es trübe. Die Landschaft, wolkenverhangen und grau, zieht Stunde um Stunde zu beiden Seiten an uns vorüber. Wir genießen die Fahrt trotzdem. Da wir wissen, dass wir die nächsten Monate im Kanu und im Zelt zubringen werden, genießen wir die Zeit in der Kabine doppelt. Dabei versuche ich mich daran zu erinnern, wie ich auf die Idee mit der Expedition auf dem Yukon gekommen bin. Aber wie so oft, kann ich nicht sagen, was genau der Auslöser war. Immer wieder werde ich im Freundeskreis oder von Zuschauern danach gefragt, meistens habe ich jedoch keine zufriedenstellende Antwort. Ich habe als Jugendlicher weder Jack-London-Bücher verschlungen, noch bin ich eine große Wasserratte. Die Idee hat sich einfach irgendwann in meinem Kopf festgesetzt und wollte verwirklicht werden.

Das Schiff biegt in eine Sackgasse ein, an deren Ende der Ort Skagway liegt. Zum Glück gelingt es uns schnell, das Gepäck in der Touristeninformation unterzustellen, denn mit den schweren Rucksäcken und den Packtaschen würden wir nicht weit kommen. Skagway hat Flair und ist auf jeden Fall einen Besuch wert. Es sieht aus, wie man sich eine typische Goldgräberstadt vorstellt - fast alle Gebäude sind aus Holz, jedes unterscheidet sich ein wenig vom Nachbargebäude und alles ist schön restauriert.

Die ersten Boote mit Goldsuchern tauchten hier im Juli 1897 auf. Nur fünf Monate später lebten hier 20.000 Menschen! Heute hat die Stadt übrigens nur noch 800 Einwohner. Noch extremer ist die Geschichte der Stadt Dyea verlaufen. Hier lebten 10.000 Menschen in provisorischen Holzverschlägen und Zelten. Hinter dem Ort begann der steile Pfad über den berühmten Chillkoot Pass. Wer zu den Klondike-Goldfeldern wollte, musste den schroffen Pass auch noch im Winter überwinden, um dann im Frühjahr, wenn das Eis aufbrach, auf dem Yukon nach Dawson City zu fahren. Die kanadische Regierung verfügte, dass ab Februar 1898 jeder Goldsucher rund 800 kg an Lebensmitteln und Ausrüstung mitbringen musste. Nur so war es überhaupt möglich, dass die Menschen bei ihrer Ankunft in Dawson nicht verhungerten. Dazu kamen oft noch Teile von Schiffen, die am 53 Kilometer entfernten Lake Bennett, der Verbindung zum Yukon hat, wieder zusammengesetzt wurden. Das bedeutete, dass jeder Goldsucher 30- oder 40-mal den Pass erklimmen musste - mit jeweils 25 kg Gepäck auf dem Rücken. Die Bilder der endlosen Menschenketten auf dem verschneiten Chillkoot Trail sind weltberühmt geworden.

1899 wurde die Eisenbahnlinie über den benachbarten White Pass fertiggestellt, die in Skagway startete. Nahezu über Nacht versank Dyea in der Bedeutungslosigkeit. Heute existieren von dem Ort nur noch ein paar Pfähle, einige Bretter und eine einzige Hausfront. Ausgerüstet mit einigen Schwarz-Weiß-Aufnahmen versuchen wir, uns das Ausmaß des Ortes vorzustellen. Es fällt uns schwer, denn längst hat die Natur das Gelände zurückerobert, wo sich heute wieder Wald findet.

Glücklicherweise ist der Pass bei unserer Ankunft wegen des Schnees auf dem Gipfel noch gesperrt, sodass wir uns keine Gedanken machen müssen, ob wir hier den Originalspuren folgen sollten. Wir nehmen den wesentlich bequemeren und schnelleren Weg hinauf zum White Pass: den Zug. Oben wartet heute ein Bus, der die Passagiere nach Whitehorse bringt. Irgendwann vielleicht werden auch die restlichen Kilometer der Bahnlinie wieder instandgesetzt.

Whitehorse ist die Hauptstadt des Yukon-Territoriums. Der nordwestlichste Teil Kanadas ist 482.000 km² groß und umfasst damit die Fläche Deutschlands, der Schweiz und Österreichs zusammen. Die Einwohnerzahl beträgt ca. 32.000. Davon leben drei Viertel in der Hauptstadt. Die meisten Bewohner arbeiten in der Verwaltung und bei diversen Firmen, die hier ihren Hauptsitz haben und sich überwiegend mit Rohstoffen beschäftigen. Die Löhne sind hoch, nur so kann man die Menschen in diese abgelegene Gegend des Landes locken. Trotzdem ist Whitehorse für viele nur ein zeitlich begrenzter Aufenthaltsort. Zu groß sind die Entfernungen und zu lang die Winter.

Gegen zehn Uhr hatten wir uns mit Thomas verabredet. Nun stehen wir erwartungsvoll vor einem riesigen Regal mit mehreren Dutzend Kanus. Mit den Worten „Das ist es!" deutet er auf ein dunkelgrünes Kanu der Marke Old Town. Der Unterboden ist ziemlich verkratzt von den Anlegemanövern der diversen Benutzer. Die Qualität können wir beide nicht beurteilen, aber positiv fallen mir die Verstärkungen vorne und hinten am Kiel auf. Wir verabreden, uns am nächsten Tag in Whitehorse an einer Stelle zu treffen, die wir vorgestern ausgekundschaftet haben. Dort ist genug Platz zum Sortieren unserer Sachen und es geht flach ins Wasser.

Aufmerksamer Beobachter am Wegesrand

Somit können wir jetzt unseren Einkaufsmarathon fortsetzen. Wir steuern mehrere Ausrüstungsläden an. Uns fehlen noch Landkarten (die waren in Deutschland nicht zu bekommen), ein GPS-Gerät und Brennstoff für den Kocher. Vor allem aber die Suche nach bärensicheren Vorratsbehältern erweist sich als kompliziert. Axel hatte uns geraten, sie aus Deutschland mitzunehmen. Das erschien mir reichlich grotesk. Wer braucht in Deutschland schon bärensichere Behälter? Hier braucht sie doch jeder, daran dürfte also kein Mangel herrschen. Außerdem hätten wir sie sowieso nicht transportieren können.

Jeder Verkäufer versteht unter „bärensicher" aber etwas anderes. Nur bei einem kleinen Container sind sich alle einig. Der wäre absolut geruchsdicht und hat keine Ecken und Kanten, in die ein Bär hineinbeißen könnte. Der Behälter ist allerdings so klein, dass wir wohl mindestens 15 davon bräuchten. Das wäre nicht nur mehr als unpraktisch, sondern auch bei einem Preis von 50 Dollar pro Stück viel zu teuer. Schließlich erstehen wir für je 80 Dollar zwei dunkelblaue 60-Liter-Fässer mit dicken Schraubdeckeln. Tatsächlich passen auch die noch irgendwie ins Auto.

Der Yukon entspringt im Atlin Nationalpark. Eine Quelle im eigentlichen Sinne gibt es allerdings nicht. Das Schmelzwasser der dortigen Gletscher fließt in den Atlin und in den Tagish Lake. Ab dem Zusammenfluss trägt der Yukon seinen Namen. Er fließt durch einen kleinen Canyon und wird kurz vor Whitehorse noch einmal durch ein Wehr gestoppt. Danach ist der Weg frei. Auf den 3.000 Kilometer bis zum Meer hält ihn nichts mehr auf. Damit dürfte der Yukon einer längsten frei fließenden Flüsse der Welt sein.

Von einer Fußgängerbrücke aus schauen wir in das türkisfarbene, brodelnde Wasser unter uns. Große Veränderungen wird der Fluss auf seinem Weg nach Norden durchmachen. Das Wasser wird trübe werden. Der Fluss wird breit werden wie ein See - mit bis zu zwei Meter hohen Wellen. Durch ein Dutzend große und Hunderte kleinerer Zuflüsse, durch Tausende und Abertausende Rinnsale wird sich seine Wassermasse um das 40-fache erhöhen. Wir stehen am Beginn unseres bisher größten Abenteuers. Der Fluss wird sich verändern - wird er auch uns verändern?

3. Es geht los

Thomas' Frau Kelly, eine Kanadierin, bringt uns das Kanu zur vereinbarten Stelle. Beim Herabheben vom Autodach legen wir zum ersten Mal Hand an unser Boot - und stellen fest, dass es auch unbeladen sehr schwer ist. Glücklicherweise würden wir es nie tragen müssen, glauben wir zumindest zu diesem Zeitpunkt noch. Vorne und hinten am Kanu befindet sich ein kurzes Seil, sodass wir es ins seichte Wasser legen und festbinden können. Kelly verabschiedet sich und wünscht uns „Good luck!" - wir werden es brauchen.

Während ich den Mietwagen zurückbringe, beginnt Simone damit, die gesamte Ausrüstung auf dem kleinen Strand zu sortieren. Auch wenn heute Sonntag ist, die Geschäfte haben trotzdem alle geöffnet. Sollten wir etwas vergessen haben, könnten wir es jetzt noch nachkaufen. Ich hatte das Gefühl, zu wenig Lebensmittel gekauft zu haben und bin versucht, noch schnell ein paar Konserven nachzukaufen, lasse es dann aber. Vermutlich würden wir dafür sowieso keinen Platz im Boot finden.

Inzwischen liegt alles fotogen vor dem Kanu. Beim Packen wollte ich die Kamera im Zeitraffermodus laufen lassen - das könnte eine interessante Sequenz ergeben. Zunächst muss ich jedoch warten, da ein deutsches Pärchen mit einem Mietkanu ablegen möchte. Der Vermieter hilft ihnen beim Tragen. Als es im Wasser liegt, höre ich die junge Frau fragen: „Sag mal, wo ist eigentlich vorne bei so einem Kanu?" Ich kann es kaum glauben. Solche Greenhorns wollen auf den Yukon? Sie haben zwar Carmacks als Ziel, etwa sechs Tagesetappen von hier entfernt, aber auch sie müssen durch den Lake Laberge. Dort gibt es am Ufer niemanden, der ihnen helfen kann. Keine Straße führt an die Ostseite des Sees, die als leichter zu befahren gilt. Meiner Meinung nach ist es völlig verantwortungslos, dass der Vermieter, der Deutsch versteht, sie ziehen lässt.

Während ich Trinkwasser abfülle, schauen sich drei weitere Deutsche unser Chaos an, in das wir ein System zu bringen versuchen. Simone erzählt, was wir vorhaben. Ich bin darauf konzentriert, meine persönlichen Dinge zu sortieren und höre kaum zu. Außerdem fällt es mir schwer, unser Ziel auszusprechen - „Beringsee". Zu weit weg, zu ambitioniert erscheint es mir. „Wenn eure Expedition gelingt, dann kommt doch mal zu mir in die Sendung", sagt der eine von ihnen, der sich bisher mehr im Hintergrund gehalten hat. Er tritt nach vorne, überreicht Simone seine Visitenkarte, und in diesem Moment erkenne ich ihn. Und jetzt erkennt auch er mich. Wir fallen uns in die Arme und rufen immer wieder: „Wir kennen uns, wir kennen uns!" Simone und seine beiden Bekannten starren uns völlig entgeistert an. Es handelt sich um Reiner Meutsch vom Radiosender RPR1. Vor etwa drei Jahren war ich bei ihm zu einem mehrstündigen Interview zu Gast, in dem wir unter anderem über meine Afrikadurchquerung sprachen.

Die Drei sind zusammen mit einem Kamerateam in einem Kleinflugzeug unterwegs. Ihr Flug für die Stiftung Fly & Help führt sie durch rund 60 Länder. Für zwei Tage machen sie Station in Whitehorse. Sie haben großen Respekt vor unserem Unternehmen und die Einladung nach Koblenz wird gleich noch einmal wiederholt.

Nach rund drei Stunden ist alles verstaut. Die Lebensmittel befinden sich fast alle in den großen Tonnen, Schlafsäcke und Isomatten in der großen Ortliebtasche, Rucksäcke und Kameraausrüstung in den roten Packsäcken. Mit Spanngurten werden alle Tonnen und Packsäcke verzurrt. Sollten wir kentern, bleibt hoffentlich alles beieinander. Ein paar Kleinigkeiten kommen unter die Sitze und tatsächlich ist am Ende noch Platz für uns beide.

Wir ziehen das schwere Kanu in etwas tieferes Wasser. Ich mache das letzte Seil los und schiebe das Boot in die Strömung. Der Fluss ist wirklich schnell, denke ich, aber viel Zeit, meinem etwas mulmigen Gefühl nachzugehen, habe ich nicht. Die Strömung nimmt uns auf. Doch die Geschwindigkeit des Flusses relativiert sich, wenn man erst einmal mit der Strömung unterwegs ist. Das Kanu liegt auch weniger tief im Wasser, als ich zuvor befürchtet hatte. Die Anspannung lässt etwas nach.

Das Steuern gestaltet sich schwierig. Vermutlich haben wir das Kanu nicht ganz gleichmäßig beladen. Wir werden wohl in den nächsten Tagen verschiedene Varianten ausprobieren müssen. Einstweilen versuche ich das Ungleichgewicht durch Körperverlagerung auszugleichen.

Nach einer halben Stunde haben wir die Industriegebiete und die letzten Häuser von Whitehorse passiert. Der Takhini River mündet in den Yukon und dann kommt die Stelle, an der wir vor zwei Tagen standen und auf den Fluss schauten. Jetzt beginnt Neuland, jetzt fängt die Fahrt ins Ungewisse an. Der Nadelwald beginnt direkt am Ufer. In den Außenkurven befinden sich hohe Steilwände, die sich aus Erde, Sand und Lehm zusammensetzen. Ich versuche, das Kanu in der Flussmitte zu halten. Wir müssen erst einmal ein Gefühl dafür bekommen, wie sich das volle Boot auf dem Fluss bewegt, wie schnell es reagiert und wie groß der Einfluss der Strömung ist. Als derjenige, der hinten sitzt, bin ich fürs Steuern verantwortlich. Später werden wir natürlich auch die Plätze tauschen, aber wer hinten sitzt, muss doch deutlich mehr Kraft aufwenden.

Schon in den ersten Stunden sehen wir zwei Biber und zwei Weißkopfseeadler. Wir sind begeistert, das darf gerne so weiter gehen. Eine Sandbank lädt zur Rast ein. Das erste Anlegemanöver klappt ganz gut. Wir springen barfuss aus dem Boot und ziehen es ein Stück weit den Strand hinauf. Das Wasser ist eiskalt, aber an diesem warmen Tag nicht unangenehm. In ein paar Wochen werden wir Thermosocken und Gummistiefel brauchen.

Simone sitzt meistens vorne und hat die beste Aussicht

Auf der Sandbank gibt es nicht viel zu entdecken, und so sitzen wir bald wieder im Boot. Plötzlich weitet sich der Fluss. Der Lake Laberge beginnt. Er ist riesig. Wir hatten bereits vorher besprochen, dem rechten Ufer zu folgen. Auf der linken Seite gibt es zwar eine Siedlung, aber die rechte Seite soll gefahrloser befahrbar sein. Der See ist mehrere Kilometer breit und etwa 50 Kilometer lang. Hat man sich für eine Seite entschieden, sollte man unbedingt dort bleiben. Da sich rechts und links jeweils eine Gebirgskette befindet, wirkt das Tal mit dem See wie ein Windkanal. Aus der glatten Oberfläche kann in wenigen Minuten ein tobendes Meer werden. Dann heißt es: Nichts wie ans Ufer. Wer sich zu diesem Zeitpunkt in der Seemitte befinden sollte, hat schlechte Karten. Heute bleibt jedoch alles ruhig. Nach weiteren drei Stunden finden wir am Ufer eine Stelle, an der wohl häufiger gecampt wird. Es gibt eine Feuerstelle, eine kleine Sitzbank und in der Nähe weichen Waldboden für das Zelt. Ausreichend Feuerholz finden wir auch in der Umgebung. Wir beschließen, die Nacht hier zu verbringen. Es dauert eine Weile, bis wir das Kanu entladen haben, das Zelt steht und alles an seinem Platz ist. Kurz darauf brennt unser Lagerfeuer. Es gibt Reis mit Gemüse, dann sitzen wir auf der kleinen Holzbank und genießen den Blick auf den See. Heute hat wirklich alles geklappt, wie es sollte. Um 23 Uhr, es ist noch immer nicht ganz dunkel, kriechen wir todmüde in unsere Schlafsäcke.

Der längste Tag des Jahres bricht an, und so steht die Sonne bereits hoch über dem Horizont, als wir gegen acht das Frühstück vorbereiten. Die Moskitos von gestern Abend sind zum Glück verschwunden. Es wird noch eine Weile dauern, bis sich alles eingespielt hat und wir den ungefähren Überblick haben, in welcher Kiste oder Tonne sich die gesuchten Dinge gerade befinden. Bis das Boot komplett beladen ist, ist es etwa halb elf. Das wird in den nächsten Wochen deutlich schneller gehen, hoffe ich. Da allerdings sollte ich mich täuschen.

Ohne die Strömung fällt uns das Paddeln deutlich schwerer. Jetzt bewegen wir die vielleicht 300 kg wirklich allein durch Muskelkraft. Die neue Packordnung scheint sich jedoch auszuzahlen. Ich muss nicht mehr so viel gegensteuern, das Kanu liegt gerade im Wasser. Wir halten uns dicht am Ufer, fahren aber nicht in jede Bucht hinein und bewegen uns von Landspitze zu Landspitze. Das hat den Vorteil, dass man immer ein Ziel vor Augen hat. Meist dauert es 30 bis 40 Minuten, bis wir die nächste Landzunge erreichen. Am Ufer stehen vereinzelt Hütten. Sie sind alle unbewohnt, dienen vermutlich als Sommerhäuschen oder als Unterkunft beim Jagen oder Fischen. Unsere Position auf der Landkarte können wir nicht bestimmen, dazu ist das

Matthias sitzt hinten, steuert das Kanu und behält das Gepäck im Auge

Ufer zu wenig markant. Aber das macht nichts, es geht ja einfach nur geradeaus. Das gegenüberliegende Ufer ist schemenhaft zu erkennen, das Ende des Sees jedoch nicht.

Für die Mittagspause finden wir eine breite Bucht mit flachem Kiesstrand. Eine Familie mit drei Kindern und einem Hund nähert sich uns. Der Familienvater spricht gut Deutsch und erzählt: „Wir waren letztes Jahr bei einer Familie in der Nähe von Hildesheim zu Besuch. Die wohnen in einem kleinen Dorf und meinten, es ist ihnen dort zu ruhig. Mir wäre das alles zu eng. Wir leben am Lake Marsh, und da siehst du keinen Nachbarn. Wir sind jedes Jahr mit den Kindern für ein paar Tage auf einem der Flüsse oder Seen in der Umgebung unterwegs. Bei uns ist es echt einsam. Unser Hund hat in den letzten Jahren sicherlich an die 20 Grizzlys verscheucht, die sich unserem Haus genähert haben."

Da hat er ungewollt ein Thema angesprochen, dass bisher für den meisten Gesprächsstoff zwischen uns sorgte: Bären! Viel haben wir über das richtige Verhalten gegenüber Bären gelesen, haben uns Tipps geholt von unseren Gastgebern in Whitehorse und natürlich von anderen Reisenden. So viel hatte sich übereinstimmend herauskristallisiert: Der Mensch passt nicht ins Beuteschema. Bären bevorzugen Pflanzen, Wurzeln, Beeren, Fische und kleine Nagetiere - aber sie sind unglaublich neugierig. Ihr Geruchssinn ist tausendmal besser als unserer. Die wichtigste Regel ist, dass alles, was riecht, nachts in die Tonnen kommt. Das schließt übrigens auch Zahnpasta und Mückenspray mit ein. Taschenalarm und Bärenspray (eine Art Reizgas) sind immer zur Hand, wenn wir irgendwo anlegen. Nachts liegt beides griffbereit hinter dem Kopfkissen.

Bevor es überhaupt losging, habe ich mir viele Gedanken gemacht, wie man sich am besten verteidigt, wenn er kommt, der Bär. Die Überlegung, ein Gewehr mitzunehmen, habe ich bald wieder verworfen. Ob ich damit überhaupt richtig umgehen könne, wurde ich gefragt. Ansonsten würde ich mir eher ins eigene Knie schießen, als einen Bären damit zu erlegen. Es wäre eine Katastrophe, wenn man ihn nicht richtig trifft, sondern nur verletzt. Er wird dann erst recht angreifen oder leidvoll zugrunde gehen. Das war natürlich ein überzeugendes Argument gegen eine Schusswaffe. Bärenspray muss also für den Notfall reichen.

Bereits als wir mit der Fähre in Skagway ankamen, gehörte es deshalb mit zu unserem ersten Einkauf. Wir wollten auf einem Zeltplatz in Deya übernachten und wurden dort vor Bären gewarnt. Immer wieder lassen Leute ihren Müll liegen und das bedeutet Gefahr für die Menschen - aber auch für die Bären, die dann im schlimmsten Fall wirklich erschossen werden müssen: Einmal an eine bequeme Futterquelle gewöhnt, kommen sie immer wieder. Sie bestehen dann sozusagen auch ohne Zustimmung der Eigentümer auf ihre Mahlzeit.

Wir achten also peinlich genau darauf, dass nichts liegen bleibt. Nachts müssen die Lebensmittel gut verschlossen werden und weit genug vom Zelt entfernt stehen. Empfohlen werden 100 Meter, das ist aber nicht immer zu bewerkstelligen, das unwegsame Gelände gibt das oft nicht her. Erst recht gelingt es nicht, die Tonnen in Bäume zu hängen. Später soll es davon auch immer weniger geben, die zudem unter der Last zusammenbrechen würden.

Ich entscheide mich für die optimistische Vorstellung, dass uns kein Bär zu nahe kommen oder sogar im Zelt besuchen wird. Dann brauche ich das Bärenspray und Taschenalarm nie benutzen. Es heißt, dass das Spray in 98 % der Fälle hilfreich ist. Und wenn der Alarm losgeht, suchen Bären das Weite, denn sie sind schreckhaft und geräuschempfindlich. Das ist beruhigend, aber eine gewisse Grundnervosität kommt bei mir immer wieder durch, zumal ich noch nie einem Bären in freier Wildbahn begegnet bin. Und ich frage mich, wie diese Begegnung sein wird, wenn es eine geben wird.

Lediglich 30 Kilometer haben wir heute geschafft. Nach der Mittagspause hatten wir etwa für zwei Stunden Gegenwind, der uns stark ausbremste. Hinzu kam, dass wir kreuzen mussten, damit die Wellen direkt von vorne kommen und uns nicht an der Seite treffen. Wir suchten bereits am späten Nachmittag einen Lagerplatz und wurden auch bald fündig. Der Wasserspiegel ist in den letzten Wochen etwa einen Meter gefallen, deshalb ist der Uferstreifen breit und sandig. Genau richtig für ein Zelt. Den höchsten Wasserstand erreichen der Fluss und der See mit der Schneeschmelze etwa Ende Mai. Das wäre auch der perfekte Zeitpunkt für den Start eines solchen Unternehmens, erzählte uns Thomas. Er prophezeite, dass wir es mit unserem Start Mitte Juni bis zum September nicht bis zur Beringsee schaffen würden. Denn dann würden die Stürme zu heftig und man müsste abbrechen.

Zwei kleine Schwarzbären beim Ringkampf

Am nächsten Morgen kommen wir noch später weg als am Tag zuvor. Wir sitzen zwar an einem See, der etwa so lang ist wie der Bodensee - haben jedoch ein Trinkwasserproblem! Das mitgebrachte Wasser aus Whitehorse ist leicht gechlort und das Wasser aus Seen und Flüssen soll man zurzeit nicht trinken, da Wurmlarven, die von Bibern übertragen werden, für schwere Erkrankungen sorgen. Gleich mehrfach wurden wir davor gewarnt. Also kochen wir erst einmal Wasser für unterwegs ab und füllen es in unsere Behälter. Zum Glück liegt genug Treibholz am Strand herum.

Wieder geht es von einer Landzunge zur nächsten. Langsam rückt das Ende des Sees näher. Nachdem der Wind - und mit ihm die Wellen - gestern aus allen Richtungen kamen, haben wir heute überwiegend Rückenwind. Die Wellen werden einen halben Meter hoch und tragen kleine Schaumkronen. Jetzt fahren wir die Buchten doch lieber etwas weiter aus. Zwischen den Landzungen ist es ruhiger und so können wir dichter am Ufer bleiben. Dafür kommen die Wellen auf dem letzten Stück entlang der Landzunge bis zu ihrer äußersten Spitze von der Seite. Felsig ist die Küste hier und wir müssen den Abstand zum Ufer erhöhen. Kentern wäre zwar nicht so gefährlich wie im schnell fließenden Yukon, aber natürlich trotzdem sehr unangenehm. Wir haben zwar alles festgebunden, aber es würde mit Sicherheit etwas verloren gehen. Nach zwei Stunden brauche ich eine Pause. Das Steuern ist heute richtig anstrengend.

Am Nachmittag beruhigt sich der Wind. Wir können das Ende des Sees deutlich erkennen. Aber wo fließt der Fluss aus dem See? Das Ufer sieht aus wie aus einem Guss. Nirgendwo eine Lücke. Gerade als ich ernsthaft beginne, an meiner Wahrnehmung zu zweifeln und behaupte, wir hätten uns verfahren (was ja auf einem See kaum möglich ist), entdeckt Simone die Lücke. „Da muss es sein!", ruft sie. „Na ja, du sitzt ja auch drei Meter weiter vorne und bist näher dran", versuche ich mich herauszureden.

Erst unmerklich, dann aber plötzlich sehr rasant nimmt uns die Strömung auf. Es fühlt sich an, als hätte jemand einen Stöpsel gezogen. Wir flitzen geradezu aus dem See in einen, so kommt es uns vor, immer enger werdenden Schlund. Die Felswände rücken näher zusammen, die Strömung reißt uns mit. Staunend betrachten wir das Ufer zu beiden Seiten, dass nun schnell an uns vorbeizieht. Es kommt mir so vor, als wenn eine übernatürliche Kraft rechts und links von uns einen Film, in dem wir die Protagonisten sind, erst in Zeitlupe und jetzt in doppelter oder dreifacher Geschwindigkeit abspielt. Der Lake Laberge liegt hinter uns.

Simone beim Kochen

Wir sind so fasziniert von dem Schauspiel, dass wir an einigen alten Hütten vorbeifahren, ohne zu reagieren. Dabei sollen hier die Überreste eines Schaufelraddampfers liegen. Erst nach einem halben Kilometer reagiere ich und steuere an Land. Wir liegen im Kehrwasser und wenden das Kanu. Unser Plan ist, hier Schwung zu nehmen und die 500 Meter dicht am Ufer entlang zu den Hütten zurückzupaddeln. Der erste Teil des Plans ist einfach. Der zweite nicht. Hatten wir nicht gerade erst die Kraft des Flusses kennengelernt? Wir geben alles. Mit gesenktem Kopf steche ich das Paddel ins Wasser und ziehe kraftvoll durch. „Es geht nicht!", ruft Simone nach einer Minute. Ich blicke hoch. Tatsächlich haben wir uns keinen Meter von der Stelle bewegt. „Es muss!", rufe ich zurück. Ich erhöhe die Schlagzahl, aber sie hat recht. Selbst bei äußerstem Krafteinsatz schaffen wir es gerade, das Boot auf der Stelle zu halten. Etwas ratlos geben wir auf und treiben zurück ins Kehrwasser. Das war wirklich eine beeindruckende Vorstellung des Yukon. Nun ist klar, wer hier das Sagen hat.

Wir vertäuen das Kanu und kämpfen uns zu Fuß am Ufer entlang zurück zu den Holzhütten. Meistens müssen wir im Wasser gehen, da dichte Büsche den Uferstreifen säumen. Wilder Schnittlauch wächst zwischen den Steinen. Die Überreste des Schaufelraddampfers sind nicht sonderlich beeindruckend. Nur die Bodenplatte mit einigen Rippen ist noch vorhanden. Aber auch sie ist fast komplett mit Sand bedeckt. In einigen Jahren ist hier sicherlich gar nichts mehr zu sehen. Zwischen den Hütten entdecken wir einen alten Lkw, der inzwischen stark verrostet ist. Hier gab es also einmal eine Straßenanbindung. Die Ansiedlung war vermutlich früher einer der Versorgungspunkte für die Raddampfer, die um 1900 herum auf der gesamten Strecke zwischen Whitehorse und Dawson City angelegt wurden.

Eine relativ enge 180-Grad-Kurve zwingt den Fluss, wieder nach Süden zu fließen. Steil ragt das Ufer in der Außenkurve auf, die nun wieder aus Sand und Lehm besteht. Flach hingegen ist es in der Innenkurve. Außen ist die Strömung am schnellsten. Dafür haben wir dort den längeren Weg zurückzulegen. Innen ist die Strecke deutlich kürzer, aber die Strömung langsamer. Ich frage mich, welcher Weg schneller ist. Oder sind beide Wege gleich schnell? Im Moment verkürzen wir die Strecke, indem ich von Innenkurve zu Innenkurve steuere. Langsam bekommen wir ein Gefühl dafür, wie sich das Boot verhält. Die richtige Beladung scheinen wir auch gefunden zu haben. Bis auf wenige Ausnahmen werden wir die Anordnung bis zum Ende so beibehalten. Die meiste Zeit gleiten wir recht mühelos dahin. Nur ab und zu ist das Wasser unruhig. Dann quillt es aus den Tiefen an die Oberfläche und breitet sich ringförmig aus. Diese Wirbel sehen etwas unheimlich aus, aber es passiert nie etwas, wenn wir darüber hinwegfahren.

Unser heutiger Zeltplatz ist noch komfortabler als der erste am Lake Laberge. Es gibt hier ein Toilettenhäuschen und sogar Feuerholz liegt sorgfältig gespalten auf einem Haufen. Wer mag das gemacht haben? „Dürfen wir das nehmen?", fragt Simone mich. „Ich weiß nicht", entgegne ich. Vielleicht wurde das Holz für eine Gruppe hier vorab hingebracht. Die Fragen klären sich am nächsten Morgen. Ein Motorboot hält. Drei Indianer springen heraus und stapeln weiteres Feuerholz zwischen zwei Bäumen auf.

„Klar könnt ihr das nehmen", antwortet der eine auf meine Frage. „Wir wollen damit verhindern, dass jeder irgendwo campt und überall Bäume gefällt werden."

Simone möchte heute Pancakes essen. Wir haben dafür eine fertige Mischung im Supermarkt gekauft. Ich baue derweilen Filmkamera und Fotoapparat auf und will ein paar Aufnahmen von einer Spechtfamilie machen. Wir haben sie gestern Abend bereits bemerkt, da ihr Nest nicht weit von unserem Zelt entfernt liegt. Komischerweise befindet es sich gerade einmal anderthalb Meter über dem Boden in einem dicken Baum. Vermutlich haben die Spechte hier kaum Feinde. Wenn ein Elternteil mit Futter auftaucht, schauen die Jungen immer für einen kurzen Moment mit ihren weit aufgerissenen Schnäbeln aus dem Nest. Diesen Augenblick gilt es abzupassen. Ich stehe zwar rund 15 Meter vom Nest entfernt, darf mich aber trotzdem nicht zu schnell bewegen. Simones Geschirrklappern stört sie hingegen nicht.

Obwohl das mitgebrachte Backblech nicht optimal geeignet ist, gelingen die Pancakes. Pappsatt machen wir uns an das Beladen des Kanus und kommen erst gegen 14 Uhr weg. Wir sind um acht aufgestanden und haben sechs Stunden für alles gebraucht. Zwar soll das hier kein Rennen werden, aber wir müssen eine gewisse Strecke am Tag schaffen, wenn wir am Ende unserer Tour die Beringsee erreichen wollen. Nach so kurzer Zeit bereits ausrechnen zu wollen, wie viele Kilometer wir täglich zurücklegen müssten, ist natürlich vollkommener Unsinn. Ich bin trotzdem etwas nervös. Als wir heute pro Stunde fast zehn Kilometer zurücklegen, werde ich jedoch wieder optimistischer.

4. Evelyn

Stille umgibt uns, absolute Stille. Fast ohne Paddelschläge treiben wir dahin. Ab und zu muss ich ein wenig lenken, ansonsten macht der Fluss unsere Arbeit. Der Wald an beiden Seiten ist dicht, auch die Inseln sind fast komplett bewaldet. Auf einer Insel taucht plötzlich ein Teil eines Holzdachs über den Bäumen auf. Es muss riesig sein. Auf der Karte waren keine Siedlungen eingezeichnet. Für einen kurzen Moment fällt unser Blick über eine Lichtung auf ein massives Etwas - und dann erkennen wir es: „Wow, ein riesiger Schaufelraddampfer!" Schon sind wir an der Baumlücke vorbei. Das war unwirklich. Zum Glück sind wir auf der richtigen Seite des Flusses und suchen schnell nach einer Anlegestelle. Einmal an der Insel vorbei, gäbe es keine Möglichkeit zur näheren Erkundung.

Ein typisches Merkmal der Flussdampfer ist ihr geringer Tiefgang. Nur so war es überhaupt möglich, auf dem Yukon mit seiner extrem schwankenden Wassermenge einen Fährdienst einzurichten. Durch seine Strömung verändert sich der Fluss ja ständig. Sandbänke entstehen und werden im nächsten Frühjahr mit der Schneeschmelze wieder weggespült. Immerhin mehr als 50 Jahre lang fuhren die Schiffe auf dem Yukon mehr oder weniger regelmäßig. Somit muss dieses Schiff bereits seit Jahrzehnten hier liegen. Sicher, vieles ist durch Stürme zerstört worden, aber die Form ist klar zu erkennen und der Schornstein ragt nach wie vor in den Himmel.

Unwillkürlich halten wir die Luft an, als wir vor dem Schiff stehen. Vorsichtig nähern wir uns. Bis auf ein Knarren, das von einer Tür kommt, die leicht im Wind schwingt, ist es totenstill. Falls einmal jemand den Gruselfilm „Der Flussdampfer des Grauens" drehen möchte und eine Kulisse sucht: Hier wäre alles vorhanden.

„Hey, wir sollen doch wegen der Bären Lärm machen," erinnert mich Simone. Richtig - und das ist auch bestimmt gut gegen alle anderen Wesen, die in so einem Film vorkommen. So lösen wir uns aus der Erstarrung und

Schaufelraddampfer Evelyn - oder das, was davon übrig ist

umrunden das Schiff. Hinauf auf das Deck trauen wir uns jedoch nicht. Das hat allerdings mehr etwas mit den großen Löchern im Fußboden und der maroden Treppe zu tun. Am Bug angekommen, können wir sogar noch den Namen auf dem gräulichen, von der Sonne ausgeblichenen Holz entziffern: Norcom hieß das stolze Schiff einst. Aber wieso liegt es hier mitten auf einer Insel? Was ist mit den Passagieren passiert? Und wie kam es hier hinauf? Ich weiß ja, wie schwer unser im Vergleich dazu winziges Kanu ist. Für die letzte Frage finden wir aber eine Erklärung. Wir entdecken mehrere Podeste, auf denen um eine Spule dicke Stahlseile gewickelt sind. Das Schiff wurde vermutlich auf Holzbohlen über die Längsseite aus dem Wasser gezogen und hier aufgebockt. Gab es einen Unfall, hatte die Norcom einen Maschinenschaden oder setzte einfach der Winter früher ein als geplant?

Später sollen wir erfahren, dass vor dem Wintereinbruch alle Schiffe aus dem Wasser gezogen wurden. Die Eisschollen hätten sie sonst zerdrückt. Außerdem konnte man so Reparaturen am Rumpf vornehmen. Deshalb war das Schiff auch aufgebockt. Die Norcom wurde 1908 in Seattle erbaut. Damals hieß sie noch Evelyn - ein deutlich schönerer Name, wie ich finde.

Vielleicht benötigte man das Schiff im nächsten Jahr nicht mehr, weil die Passagierzahlen rückläufig waren und man auf bessere Zeiten warten wollte. Aber für die Evelyn dürften die wohl nicht mehr kommen …

Deutlich schlechter traf es die Klondike. Sie liegt seit 75 Jahren im Yukon. Nach einem Maschinenschaden trieb der Schaufelraddampfer auf eine Sandbank und blieb dort liegen. Aus den noch verwertbaren Teilen wurde das Schwesterschiff, die Klondike 2 gebaut, das heute ein Museum ist und in Whitehorse liegt. Bei Niedrigwasser ragt das Wrack vor uns etwa einen Meter aus dem Fluss. Heute schauen nur ein paar Stümpfe aus den Fluten. Um nicht irgendwo hängen zu bleiben, machen wir einen weiten Bogen um das Wrack.

„Schau mal dort, ein halbes Kanu!" Simone deutet auf die rechte Flussseite, wo zwischen den Bäumen tatsächlich die Überreste eines weißen Kanus hängen. „Hoffentlich enden wir nicht auch so", rufe ich zurück.

Aber wir bekommen heute nicht nur Wracks zu Gesicht. Bei der Mittagspause haben wir schon Elchspuren im Sand gesehen, aber das Highlight erleben wir kurz vor unserer anvisierten Übernachtungsstelle: Drei Wölfe sitzen am Ufer und schauen uns unentwegt an. Leider ist der Fluss hier relativ breit und sie sind sehr weit weg. Zwei von ihnen haben ein sehr dunkles Fell. Plötzlich und ohne einen Laut verschwinden sie im Dickicht, während der hell gefärbte Wolf uns noch lange hinterherblickt.

In der Nacht liege ich lange wach. Viele Geräusche in Zeltnähe, die ich nicht deuten kann, haben meine Angst vor Bären erneut zum Leben erweckt. Irgendwann schlafe ich doch beinahe, da fällt mir zwischen Traum und Wirklichkeit ein, dass sich die Tupperdose, in der bis zum Mittag die restlichen Pancakes waren, im Rucksack neben mir befindet. Oh nein, jetzt wieder aus dem Zelt krabbeln, runter zum Fluss laufen, in den blauen Tonnen Platz machen… Ich bin so müde, dass ich mich schnell von Matthias überzeugen lasse, die Dose sei einigermaßen geruchsdicht, zumal sie zusätzlich in einer Plastiktüte steckt.

ER war dann nachts auch tatsächlich nicht da. Glück gehabt! Ich nehme mir fest vor, jeden Abend meinen Tagesrucksack zu durchwühlen, denn allzu oft sollte man das Glück nicht herausfordern und wir werden es in den nächsten Wochen sicher noch das eine oder andere Mal brauchen.

Beim Frühstück haben wir heute Gesellschaft: Eine Gruppe Ground Squirrels (Eichhörnchen, die auf dem Erdboden leben) wohnt auf dem Gelände, auf dem sich das Dorf Big Salmon befand. Der gleichnamige Fluss mündet hier in den Yukon. Schon vor Tausenden von Jahren nutzten die Indianer diese markante Stelle zum Fischfang. Während des Goldrausches war dies ein wichtiger Ort zwischen Whitehorse und Dawson City. Einige Hütten stehen noch und in der Lachsfangsaison leben hier auch wieder ein paar Fischer. Aber sie sind wohl nicht nur wegen des Fischfangs hier, schließe ich aus der ansehnlichen Sammlung leerer Schnapsflaschen. Diese sind aber immerhin sauber in den Regalen aufgereiht. Abgesehen von den Regalen und einem großen Ofen sind die Hütten leer. Wir hätten sicherlich auch in einer der Hütten schlafen und uns so den Aufbau des Zeltes sparen können. Dann aber wären wir den Moskitos ausgesetzt gewesen und hätten nicht viel von der Nacht gehabt.

Natürlich soll man die Eichhörnchen, wie alle anderen wildlebenden Tiere nicht füttern. Aber wer kann schon den possierlichen Tierchen, die da auf den Hinterbeinen vor uns stehen, ein paar Krümel verwehren? Eines ist richtig zutraulich und frisst Simone aus der Hand, wobei es ihren Finger gar nicht aus seinen kleinen Krallen lassen will. Die Tiere leben hier in Erdhöhlen, die teilweise unter den Hütten oder auf der freien Rasenfläche zwischen den Häusern liegen. Die Eingänge sind im Gras nur schwer auszumachen und wir müssen gehörig aufpassen, dort nicht zu stolpern. Das wäre es noch - den Yukon befahren und sich wegen einer Eichhörnchenhöhle das Fußgelenk brechen.

Wieder finden wir Überreste des Goldrausches. Eine kleine Förderanlage und eine große, früher einmal um die eigene Achse rotierende Tonne rosten vor sich hin. Die Anlage liegt bereits halb im Wasser und in ein paar Jahren wird sie sicherlich komplett in den Fluss stürzen. Überliefert ist, dass zwei Goldsucher sie im Jahre 1940 für rund 10.000 Dollar bauten. Sie fanden in dem Jahr allerdings nur Gold für etwa 2.300 Dollar, verließen die Gegend im Herbst enttäuscht und kamen nie wieder zurück.

Das einzige Zeichen, dass es außer uns irgendwo da draußen noch Menschen gibt, ist ein Flugzeug etwa 10.000 Meter über uns. Während wir gemütlich vor uns hin paddeln, droht aus unserem Rücken allerdings Ungemach. Eine dunkle Regenwolke hängt hinter uns, holt uns zunächst aber nicht ein. Wir bewegen uns eine Weile mit der gleichen Geschwindigkeit vorwärts. Dann macht der Yukon eine Kurve - die Wolke leider nicht, und so beginnen wir hektisch nach den Regenjacken zu suchen.

Eine flache Landzunge am Anfang einer Insel bietet sich zum Kochen an. Wie üblich gibt es genügend Steine und Treibholz für das Lagerfeuer. Das Gericht aus Reis und der letzten Paprika scheint einen Biber neugierig gemacht zu haben. Langsam nähert er sich auf dem Wasser, doch kurz bevor er uns erreicht, schlägt er mit seinem breiten Schwanz auf die Wasseroberfläche. Es gibt einen lauten Knall und er taucht fast senkrecht unter.

„Das also waren die Geräusche, die wir heute schon ein paar Mal gehört haben!" Ich bin ganz fasziniert davon und schnappe mir schnell meine Kamera. Aber das ist zwecklos. Der Biber taucht erst weit entfernt wieder auf.

„Da hinten sind noch mehr!", ruft mir Simone zu. Stimmt, offenbar eine ganze Familie. Aber auch die ist zu weit weg und außerdem im Schatten der Uferböschung. Inzwischen ist nämlich die Sonne wieder heraus gekommen und taucht unseren Kochplatz in goldenes Licht. So fahre ich fort, Simone beim Kochen zu filmen. Ihr ist das nicht so recht, aber das Zubereiten der Mahlzeiten nimmt einen wichtigen Stellenwert auf einer Expedition ein und dauert auch entsprechend lange. Also ist es auch ein wichtiger Bestandteil des Berichts über unsere Tour.

Wir entschließen uns, noch ein wenig weiterzufahren. Das Wetter ist gut und wir fühlen uns fit. Mit hoher Geschwindigkeit tanzt unser Kanu auf dem Wasser. Das Sonnenlicht malt einen herrlichen Glanz auf die Oberfläche, die beim Eintauchen des Paddels in tausend funkelnde Sterne zerbricht. Fast schwerelos gleiten wir dahin. Vor und hinter uns unbegrenzte Weite. Nichts kann uns aufhalten. Das ist die echte Freiheit, nach der ich mich gesehnt habe. Ein unvergleichliches Gefühl der Freude durchfährt mich.

Es geht auf 23 Uhr zu, als die Sonne direkt vor uns untergeht. Wir sind so geblendet, dass wir kaum nach vorne schauen können. Mehrere Biber tauchen auf, schwimmen teilweise neben dem Boot her, äugen misstrauisch herüber und verschwinden mit dem uns nun vertrauten Klatschen im Wasser. Ein

Der perfekte Übernachtungsplatz

Weißkopfseeadler

großer Greifvogel sitzt auf einem Ast, der ein paar Meter vom Ufer entfernt dicht über der Wasseroberfläche hängt. Er hat den Kopf ins Gefieder gesteckt. Lautlos nähern wir uns. Er scheint sich dort ganz sicher zu fühlen und regt sich nicht. Würden wir direkt unter ihm hindurchfahren, könnte ich ihn leicht mit der Hand berühren. Viel lieber würde ich allerdings die Kamera herausholen. Aber das Geräusch würde ihn mit Sicherheit aufwecken. So genießen wir still diesen einzigartigen Moment. Solche kleinen Erlebnisse sind es, die das Besondere dieser Tour ausmachen. Es muss nicht immer ein Bär sein. Wobei von mir aus langsam einmal einer auftauchen könnte …

„Wir sollten nach einem Schlafplatz suchen." Simone reißt mich aus meinen Gedanken. Es geht auf Mitternacht zu, ist aber immer noch angenehm warm und hell. Das Ufer ist durchgehend steil und bietet keine Möglichkeit an Land zu gehen. Noch eine Stunde müssen wir weiterpaddeln, bis wir endlich eine passende Stelle finden. Obwohl wir inzwischen wirklich hundemüde sind, halten wir uns an unsere Sicherheitsstandards. Erst werden die Lebensmitteltonnen entladen, dann treideln wir ein wenig zurück und entladen wie üblich das Kanu fast komplett. Simone vertäut das Kanu mit einem langen Seil an einem der Bäume, während ich das Zelt aufbaue. Es geht auf zwei Uhr morgens zu, als wir endlich in die Schlafsäcke kriechen. Die Abenddämmerung ist nahtlos in die Morgendämmerung übergegangen. Wir haben heute sagenhafte 81 Kilometer geschafft. Ich glaube, ich schlafe schon, bevor ich mich richtig ausgestreckt habe.

Gestern war ich trotz des langen Tages das erste Mal nicht so k.o. vom Paddeln wie an den Tagen zuvor. Der Gegenwind und die Wellen auf dem Lake Laberge haben mich viel mehr Kraft gekostet. Wie erholsam lässt es sich jetzt in der starken Strömung fahren, eine Entspannung für meine strapazierten Schultern und Arme. Der Fluss hat eine herrlich leuchtende türkisblaue Farbe und ist absolut klar. Die auf dem Grund liegenden riesigen Gesteinsbrocken sehe ich mit großer Geschwindigkeit unter dem Kanu vorbeiflitzen. Sie wirken durch das glasklare Wasser so nah. Scheinbar aus dem Nichts kommen immer wieder diese faszinierende Wirbel und Blasen aus der unergründlichen Tiefe hervor. Da wir aber so schnell nicht ausweichen können, fahren wir direkt hinein. Das Kanu wird etwas gebremst und kommt aus der

Spur, aber sonst passiert nicht viel. Trotzdem finde ich es jedes Mal spannend, denn ich habe gelesen, dass es später auf der Strecke einen Strudel geben soll, der einen nicht mehr loslässt und in dem auch schon Menschen ertrunken sind.

Das Ufer ist hier sehr grün und dicht mit Tannen gesäumt, der Yukon macht viele Biegungen und Kurven - eine abwechslungsreiche Strecke! Die Füße auf den Bootsrand gelegt, lassen wir uns dahintreiben und genießen die wunderbare Naturkulisse. Schon den ganzen Tag verwöhnt uns die Sonne, ab und an fallen mir die Augen zu. Eine tiefe Zufriedenheit breitet sich in mir aus. Ich wüsste nichts, was ich jetzt zu meinem Glück noch bräuchte. So könnte es ewig weitergehen.

„Ich höre ein Auto", vermelde ich. „Hier?" Tatsächlich verläuft plötzlich für einen halben Kilometer die Straße oberhalb des Flusses. Dann dürfte es bis Carmacks nicht mehr allzu weit sein. Das sollten wir heute locker schaffen. Simone sitzt zum ersten Mal hinten. Es dauert eine Weile, bis es ihr gelingt, das Kanu in der Spur zu halten. Man muss früh gegensteuern und, noch wichtiger, frühzeitig wieder damit aufhören. Die träge Masse des Bootes behält die Richtungsänderung noch eine ganze Weile bei.

Mit der Aufnahme der Wassermassen des Big Salmon River und vor allem des Teslin River hat sich die Wassermenge des Yukon in den letzten Tagen locker verdreifacht. Jetzt kann man wirklich davon sprechen, dass man den Fluss überquert, wenn man von der einen auf die andere Seite will. Mir war wichtig, dass Simone endlich ausprobiert, wie man hinten steuern muss. Warum gerade jetzt, wollte ich ihr allerdings erst am Abend erzählen.

Matthias hat plötzlich die Idee, ich könnte doch auch einmal hinten sitzen und das Kanu steuern. Das habe ich auch schon bei einer Gelegenheit ausprobiert, das ist allerdings schon einige Jahre her und der Fluss - die Wümme bei Bremen - ist nicht vergleichbar mit dem Yukon. Hmm, denke ich, muss das sein? Eigentlich sitze ich vorne ganz gut, und so wie es jetzt ist, fahren wir doch wunderbar. Na gut, ich weiß, dass es hinten anstrengend ist und gönne Matthias schließlich die Erholung. Außerdem reizt es mich dann doch, uns über diesen Fluss zu führen. Gar nicht so einfach ... Nachdem ich anfangs im Zickzackkurs die zu paddelnde Strecke verlängere, bin ich nach einer Weile wieder ganz gut drinnen und wir fahren einigermaßen geradeaus. Einfach in der Gegend herumzugucken und im absoluten Müßiggang zu schwelgen, hat sich nun erst einmal erledigt. Ich beschließe für mich, dass das eine Ausnahme bleiben soll.

Eine kräftige Böe überrascht uns genau beim Wechseln auf die linke Flussseite. Zum Glück kommt der Wind aber von hinten. Regen setzt ein. Wir legen an und essen die schon morgens geschmierten Brote heute einmal unter dem Regenschirm.

„Ach du Schreck, Elche!", flüstert Simone aufgeregt und will sich schon zurück in den Wald verziehen. Etwa 30 Meter neben uns stehen eine Elchkuh und ihr Junges am Ufer. „Hey, bleib hier!" Ich halte sie am Ärmel fest.

„Und wenn sie angreift?"

„Warum sollte sie?", frage ich zurück.

Natürlich, Elche können gefährlich werden. Wenn sich eine Elchkuh bedroht fühlt, wird sie ihr Junges verteidigen. Ich habe schon von Fällen gehört, in denen sich ein Elch vor einem Menschen aufgebäumt und ihm mit den Vorderläufen das Gesicht zertrümmert hat. Aber wenn es einen anderen Ausweg gibt, wird der Elch immer die Flucht ergreifen. So können wir eine Weile zuschauen, wie die beiden im seichten Wasser äsen. Dann wittert die Elchkuh uns schließlich und sie verschwinden im Dickicht.

Anderthalb Stunden später erreichen wir Carmacks. Die Brücke über den Fluss ist eine von nur drei (!) Möglichkeiten, den Yukon auf der Strecke zwischen Whitehorse und der Beringsee zu überqueren.

Ein Campingplatz auf der rechten Seite scheint neu zu sein, denn er ist in unserer Karte nicht eingezeichnet. Hinter der Brücke, auf der linken Seite, kurz vor dem Ort, sollte er sich eigentlich befinden. Doch da ist nichts. Wie ich befürchtet habe, wurde der Platz tatsächlich zwei Kilometer weiter flussaufwärts verlegt. Dorthin kommen wir weder mit dem Kanu noch zu Fuß mit unserer Ausrüstung. So bleibt uns nur die Möglichkeit, hier, direkt im Zentrum, auf einem Platz zwischen den Wohnmobilen zu zelten. Unser kleines grünes Zelt wirkt ein wenig armselig zwischen den riesigen, chromblitzenden Fahrzeugen.

Joe, ein gastfreundlicher Inuit

Lachs im Smokehouse eines Fischcamps

Das Zentrum des Ortes besteht aus einem Hotel, einer Tankstelle mit Supermarkt und einem Restaurant. Darüber hinaus gibt es noch ein Verwaltungsgebäude, Polizei- und Feuerwehrwache sowie zwei Straßen mit wenigen Wohnhäusern - Carmacks hat schließlich auch nur 350 Einwohner. Dennoch finden wir hier alles, was wir in den letzten Tagen nicht hatten: eine Dusche, eine Waschmaschine und frische Lebensmittel.

Ursprünglich hatten wir vor, das Kanu unten am Wasser zu vertäuen. Dann aber kamen uns Bedenken. Was wäre, wenn in der Nacht ein paar Jugendliche vorbeikommen und einmal ausprobieren wollten, wie weit so ein Kanu von alleine schwimmt? Hier würden wir kein neues Boot bekommen und müssten wieder zurück nach Whitehorse. Die Gefahr war uns zu groß, also entleerten wir das Boot komplett und trugen unsere Ausrüstung und auch das Kanu hinauf zum Zelt. Zivilisation hat auch ihre Schattenseiten ...

Früh um sechs ist die Nacht zu Ende: Autotüren knallen, ein Kind schreit, die Nachbarn klappern mit Geschirr. „Irgendwie bin ich im falschen Film", murmele ich schlaftrunken.
„Und das für 27 Dollar!", ergänzt Simone genervt. Stimmt, für die paar Quadratmeter Rasen haben wir ja auch noch den gleichen Betrag bezahlen müssen, wie die Reisemobilisten neben uns. Beim Frühstück im Restaurant gegenüber - es besteht aus Toast, Eiern, Speck und einem Berg Bratkartoffeln - ist das aber schon wieder vergessen.

Matthias erzählt, dass er die Durchfahrt der Five Finger Rapids filmen möchte. „Ja, klar, das ist eine gute Idee, mach das", antworte ich. „Also, du musst dann wieder steuern", sagt er, nun etwas leiser ...
„Logisch, du kannst ja nicht steuern und gleichzeitig filmen", gebe ich zurück, obwohl mir die Konsequenz bei der Lobpreisung seiner Idee nicht gleich bewusst war. Gedankenverloren stochere ich in meinen Bratkartoffeln herum. Na, das wird ja was werden. Allein schon der Gedanke daran treibt meinen Adrenalinspiegel ein wenig in die Höhe. Aber warum sollte ich das nicht schaffen? Andere können das auch. Mir fallen keine triftigen Gründe dagegen ein, also ist es abgemacht - und das Frühstück schmeckt auch gleich wieder besser.

5. Die Rapids

Zu hören sind sie bereits - ein leichtes Grollen, das entfernt an Donner erinnert. Die Wasseroberfläche aber ist noch immer glatt. Was hatten wir uns vorher für Gedanken gemacht. Die Five Finger Rapids tauchten seit Tagen, seit Wochen immer wieder in unseren Gedanken und Gesprächen auf. „Ihr müsst den ganz rechten Durchgang nehmen. Alles andere ist lebensgefährlich!" Zumindest darin waren sich all unsere Gesprächspartner einig. Ansonsten gingen die Einschätzungen von „halb so schlimm" bis „ziemlich gefährlich" weit auseinander. Immer wieder ertrinken an dieser Stelle des Yukon Leute, weil sie die Stromschnellen nicht ernst nehmen oder durch einen der anderen Durchgänge fahren wollen. Vor allem Floßfahrer, die es hier auch ab und zu gibt, leben gefährlich, da sich die Flöße kaum steuern lassen.

Erst langsam, dann immer schneller rücken die vier Türme näher. Die Finger teilen den Fluss tatsächlich wie schmale Brückenpfeiler in fünf Fahrrinnen. Wir halten uns dicht am rechten Ufer. Da vorne wäre eine Möglichkeit anzulegen und sich die Stromschnellen erst einmal von oben anzusehen. Etwa 60 Meter über uns befindet sich eine Aussichtsplattform, denn hier verläuft die Straße nach Dawson noch einmal neben dem Fluss entlang. Doch ehe wir die Frage diskutieren können, rauschen wir an der Stelle vorbei. Simone sitzt hinten und steuert. Längst habe ich die Kamera im Unterwassergehäuse verstaut, das ich heute morgen noch schnell ausprobiert habe. Sehr bequem ist es nicht, man kann auch nicht vernünftig hindurchschauen, aber es ist zumindest dicht. Ich hänge mir den Trageriemen um, klemme die Kamera zwischen die Knie und verkeile meine Beine im Rumpf des Kanus.

Als es soweit ist, werde ich nervös, schnell noch die Plätze tauschen geht jetzt nicht mehr. Ich sehe die markanten Felsblöcke vor mir und höre das Rauschen der Wassermassen ... jetzt bloß rechts halten! Matthias hantiert mit der Filmkamera. Ich will versuchen, möglichst gerade zu steuern, damit der Film auch etwas wird. Mehr kann ich mir nicht überlegen, denn dann geht es schon hinein ins Getöse. Die Wellen scheinen zu stehen, eine Berg- und Talfahrt beginnt, sodass ich mit dem Paddel manchmal ins Leere steche und gar nichts ausrichten kann.

Die Five Finger Rapids Monate später bei Niedrigwasser und von der Aussichtsplattform aus fotografiert.

Das Rauschen ist inzwischen lauter geworden. Der Durchgang liegt jetzt vor uns und wirkt trotz seiner Breite von vielleicht 20 Metern sehr, sehr eng. Wir tanzen auf den Wellen. Hoffentlich bereue ich das nachher nicht, denke ich nur. Wir kentern, verlieren das Boot und unsere Ausrüstung oder vielleicht noch mehr - und alles nur wegen einer blöden Filmaufnahme. Wildwasser der Kategorie 2 ist schließlich auch nicht ohne. Rechts und links wachsen die Felsen neben uns in die Höhe. Urplötzlich sind wir mitten in der Durchfahrt.

„Mehr rechts!", brülle ich.

Vorne schwappen die Wellen ins Boot. Ich bin so konzentriert und beschäftigt, dass kein Platz mehr ist für Nervosität. Im Gegenteil, langsam kommt Spaß dazu. Das Kanu bleibt jetzt in der Spur. Tief taucht der Bug in die Wellentäler. Drei- oder viermal kommt dabei ein Schwall Wasser ins Boot. Weiße Gischt spritzt neben uns auf. Strudel und Wirbel lassen das Boot tanzen. Dann sind wir durch.

„Juhuu!" Wir schreien beide unsere Freunde heraus. Ich bin überglücklich und würde die Strecke am liebsten noch einmal fahren.

Sobald das Wasser ruhiger wird, kontrolliere ich die Filmaufnahme. Es ist etwas drauf, das durch die Weitwinkeleinstellung allerdings ziemlich harmlos aussieht. Wegen des dichten Kunststoffgehäuses haben wir leider auch keinen O-Ton mitschneiden können. Das ist schade, aber nicht zu ändern. Die Freude, es geschafft zu haben, ist jedoch groß. Wildwasserfahrer werden darüber nur lächeln, aber uns gibt es Mut und Selbstvertrauen.

Ein paar Kilometer weiter erwarten uns dann noch die Rink Rapids. Dabei soll es sich aber nur um kleine Felsen im Wasser handeln, die sich wieder auf der rechten Seite völlig unspektakulär umfahren lassen. Lange jedoch sieht man nur das Brodeln des Wassers und langsam werde ich unruhig. Erst im letzten Moment kommt die Durchfahrt in Sicht. Die Froschperspektive ist ungewohnt und hält immer Überraschungen bereit. Aufatmend lasse ich mich im Sitz zurücksinken. Danach haben wir uns die Kaffeepause wirklich verdient.

Der folgende Streckabschnitt weist sehr viele kleine Inseln und Kiesbänke auf. Einmal wähle ich eine zu schmale Durchfahrt und erstmals sitzen wir auf Grund. Also müssen wir aussteigen und schieben. Ich nutze die Aktion gleich

Indianerfriedhof beim Fort Selkirk

für eine Filmszene, für die ich die Kamera mit dem Stativ einige Meter vor uns aufbaue und wir dann gemeinsam das Boot daran vorbeiziehen. Ohne unser Gewicht schwimmt es übrigens fast von alleine. Das Wasser ist gar nicht so kalt wie erwartet und der Boden voller Kieselsteine. Den ganzen Tag schon brennt die Sonne vom Himmel, und so tut die Abkühlung gut.

„Vergiss nicht die Filmkamera", ruft Simone mir lachend zu. Da würden sich die nächsten Kanuten aber wundern!

Wir passieren die Ortschaft Minto. Heute wird auf jeden Fall wieder irgendwo in der Landschaft gezeltet. Wir haben bis zum späten Abend unglaubliche 95 Kilometer geschafft und trotzdem noch die Kraft, uns vor dem Schlafengehen einige Filmszenen anzusehen. Als der Vollmond hinter den Bergen hervorkommt, klettere ich wieder aus meinem Schlafsack und baue Stativ und Kamera auf: Was man hat, das hat man - schließlich weiß niemand, ob so ein Motiv wiederkommt.

Am nächsten Tag erreichen wir Fort Selkirk. Als in den sechziger Jahren die Straße fertig gestellt wurde, versank es in der Bedeutungslosigkeit. Der letzte Einwohner verstarb allerdings erst im Jahre 2000. Inzwischen werden viele der alten Gebäude renoviert. Der Ort sieht inzwischen fast wieder so aus wie vor hundert Jahren, als er nach den Goldfunden am Klondike seine Blütezeit hatte. Es gab damals mehrere Kirchen, Hotels, Geschäfte, Schulen und Tanzsäle. Während der Zeit der Raddampfer war er ein wichtiges Versorgungszentrum.

Hier, an der Einmündung des Pelly River, haben aber schon vor 5.000 Jahren Indianer ihr Lager aufgeschlagen, wie alte Fundstücke beweisen. Im Wald stoßen wir auf einen etwas versteckt liegenden Indianerfriedhof. Alle Gräber sind mit Metallzäunen eingefasst. Wir rätseln lange, warum - und finden dann eine Erklärung: Vermutlich wollte man verhindern, dass Tiere die Bestatteten wieder ausgruben. Die Zäune sind alle bunt bemalt und an der Kopfseite der Gräber befindet sich jeweils ein Kreuz.

Der Yukon ist inzwischen voller Inseln. Diese sind oft mehrere hundert Meter lang, liegen teilweise auch parallel nebeneinander. So haben wir immer wieder das Gefühl, nur auf einem kleinen Fluss unterwegs zu sein. Nur selten zeigt sich seine volle Breite. Die Inseln eignen sich auch hervorragend zum Zelten, da das Ufer ansonsten recht steil ist. Und sie bieten auch Schutz vor den Bären, da diese selten zu den Inseln schwimmen. Aber gesehen haben wir ja immer noch keine.

Heute ist nicht mein Tag. Ich bräuchte dringend eine Pause. Ich freue mich schon auf Dawson City und den Luxus der Zivilisation. Wir sind heute ewig gepaddelt. Es wurde irgendwann dunkler - und dann bald wieder heller. Endlich auf einer Kiesbank gelandet, müssen wir die Sachen heute besonders weit tragen. Während ich das Feuer in Gang bringe, fängt es an zu regnen. Ich brauche noch mehr trockenes Holz, wenn es richtig brennen soll, und mache mich auf die Suche. Unter einigen Büschen ist es trocken geblieben und ich ziehe an einem langen Ast, der hervorragt. Das war keine gute Idee, denn leider stöbere ich ein Wespennest auf. Die Bewohner stürzen sie sich auf mich. Ich renne was das Zeug hält, aber das hilft mir nicht viel, sie sind viel schneller. Ich hocke mich hin und ziehe die Kapuze so tief wie möglich ins Gesicht. Eine schafft es trotzdem und sticht mir direkt unters Auge. Die anderen haben sich alle in meiner Fleecejacke festgebissen und geben sich damit zufrieden. Puh, zum Glück sind sie genauso schnell wieder verschwunden, wie sie angegriffen haben. Nach der Aufregung und mit einem geschwollenen Auge gibt es dann doch noch selbst gekochte Kartoffelsuppe mit Weißkohl. Nur ein kleiner Trost, denn es regnet noch immer und wir müssen ungemütlich im Stehen essen. Diesmal findet sich kein umgestürzter Baum als Sitzgelegenheit in der Nähe. Ich hoffe, morgen ist ein besserer Tag, und bin froh, als ich in meinem warmen Schlafsack liege. Obwohl es tagsüber warm ist, kühlt es sich bei Regen ziemlich schnell ab und ich fange an zu frieren, sobald ich mich nicht mehr bewege.

Alles ist nass an diesem Morgen und das Feuermachen dauert seine Zeit. In Zukunft wollen wir trockenes Holz im Boot bunkern, mit dem wir abends das Lagerfeuer entzünden können. Simones Wespenstich ist zum Glück nicht weiter angeschwollen. Streit gab es gestern außerdem, weil sie gerne abends früher nach einem Lagerplatz suchen möchte. Ich will jedoch das warme, weiche Abendlicht zum Fotografieren nutzen.

Das stundenlange Paddeln jeden Tag hinterlässt auch am Körper seine Spuren. Die ersten Schwielen und Blasen an den Händen tauchen auf. Ich

Zeltplatz auf einer der vielen namenlosen Inseln

präpariere die Griffe am Paddel mit einem Streifen einer alten Isomatte, die wir zum Sitzen dabei haben. Das Ganze wird mit Panzerband, das hier „duck-tape" genannt wird, fixiert. Erstaunlicherweise habe ich überhaupt keine Rückenschmerzen, weder vom Schlafen auf der Isomatte, noch vom stundenlangen Sitzen auf der niedrigen Bank im Kanu. Aber siebeneinhalb Stunden Schlaf brauche ich, weniger geht nicht. Simone geht's genauso. Vor dem Einschlafen achten wir immer noch auf jedes Geräusch. Meistens ist es der Wind, der Äste oder Grashalme am Zeltstoff kratzen lässt. Doch in der Fantasie könnte es alles Mögliche sein. Dafür schlafen wir aber die Nächte durch, ohne auch nur einmal aufzuwachen. Wir sind einfach erschöpft von den ungewohnten körperlichen Anstrengungen. Außerdem glaube ich, dass das Unterbewusstsein einfach weiß, dass keine Gefahr droht.

Heute haben wir übrigens Kilometer 500 passiert. Das ist für neun Tage doch schon eine ordentliche Strecke. Natürlich können wir nicht davon ausgehend einfach ausrechnen, wie lange unsere Reise insgesamt dauern wird. Die Strömung hat viel dazu beigetragen. Der Fluss wird jedoch immer langsamer werden. Spätestens in den Yukon Flats wird die Strömung erst einmal ganz versiegen.

„Bakery + Campground" verheißt ein Schild am Ufer. „Träume ich oder steht das wirklich auf dem Schild?"

„Das steht dort wirklich. Die Frage ist nur: Ist dieses Schild einfach ans Ufer gespült worden und oder hat es wirklich jemand dort aufgestellt? Und wenn ja, gilt das noch?" Sollte hier, 150 Kilometer vom nächsten Ort entfernt, tatsächlich jemand leben und auch noch für Kanuten Kuchen backen? Ich sehe schon ein riesiges Stück Torte vor mir und glaube sogar, den Duft von Kaffee in der Nase zu verspüren. „Ich glaube, du hast Halluzinationen", meint Simone. Tatsächlich aber kommt nach ein paar Minuten eine Anlegestelle. Ein Motorboot liegt dort. Wir binden das Kanu fest und klettern die Böschung hinauf. Auf einer kurz geschorenen Rasenfläche stehen zwei Hütten und ein Pavillon. Davor sitzt eine Familie in bequemen Stühlen. Zwei Hunde toben durchs Unterholz. Vier Augenpaare schauen zu uns herüber. Ich muss kurz an den Film „Die Truman Show" denken. Nach vielen Tagen Einsamkeit habe ich das Gefühl, nur in einer Filmkulisse sein zu können. Kommen wir aus einer Scheinwelt in die Realität - oder ist es umgekehrt?

Wir werden freundlich begrüßt. Schnell steht tatsächlich dampfender Kaffee vor uns. Neben Kuchen gibt es selbstgebackenes Brot und Marmelade. „Wir leben seit etwa 15 Jahren hier am Kirkman Creek", erzählt uns Rachel, die Besitzerin. „Allerdings nur im Sommer, während der dreimonatigen Schulferien. Mein Mann", sie deutet auf den kräftigen bärtigen Endvierziger am Tisch, „arbeitet in Dawson und kommt jedes Wochenende. Jetzt bereiten wir uns auf den Yukon River Quest vor. Das ist das längste und härteste Kanu-Rennen der Welt. Die Teilnehmer starten genau wie ihr in Whitehorse und paddeln bis Dawson City. Hier bei uns müssen sie eine Pause einlegen und sich drei Stunden ausruhen. Das ist Vorschrift."

„Ja, wie?", frage ich irritiert nach. „Sonst machen sie auf der Strecke keine Pause?"

„Sonst machen sie keine Pause - auf der gesamten Strecke bis nach Dawson," bestätigt sie.

Wir sind heute den zehnten Tag unterwegs. Da fühlt man sich doch gleich richtig klein.

„Die Schnellsten brauchen nicht einmal 40 Stunden für die Strecke", setzt Rachel noch einen obendrauf. Die meisten sind allerdings mit einem

Kajak unterwegs, und den kann man natürlich nicht wirklich mit unserem voll bepackten Kanadier vergleichen.

Bisher hatten wir recht klares Wasser. Das allerdings wird sich in wenigen Minuten für den Rest der Strecke ändern. Der Zufluss des White River steht bevor. Er entspringt in den St. Elias Mountains und fließt durch ein Gebiet mit starker Vulkanaktivität. Viele Tonnen feinen Sand nimmt der Fluss auf seinem Weg auf und transportiert sie in den Yukon.

Wir klettern einen kleinen Hügel hinauf und wollen uns die Vereinigung der Flüsse von oben ansehen. Aber das Gelände ist steil und fast undurchdringliches Buschwerk hindert uns am Vorwärtskommen. Als wir oben sind, ist der Blick nur wenig beeindruckend, da Inseln den White River in mehrere Arme aufspalten.

Aber der Effekt ist unglaublich. Ganz langsam verändert sich die Farbe des Wassers. Das Flaschengrün aus Whitehorse war ja nach und nach immer dunkler geworden. Inzwischen paddeln wir durch eine trübe Suppe der Marke „Kaffeebraun mit Milch". Das Wasser ist aber nicht wirklich dreckig, sondern einfach nur durch Schwebstoffe undurchsichtig geworden. Keine zwei Zentimeter weit reicht die Sicht, stelle ich beim Eintauchen des Paddels fest. So etwas habe ich noch nie erlebt. Ständig erwarte ich, gegen ein Hindernis zu fahren. Keine Sandbank, keine Untiefe und kein Felsen sind mehr zu erkennen. Beim Aussteigen müssen wir mit dem Paddel prüfen, wie tief das Wasser ist. Eine Änderung ist bis zum Abend nicht in Sicht. Hoffentlich aber irgendwann …

Auf einer flachen Insel zelten wir. Wieder sind Elchspuren im Sand. Wir liegen schon in unseren Schlafsäcken, als Simone aufschreckt: „Psst, ich höre etwas!"

„Da draußen ist nichts," antworte ich müde.

„Doch doch, da ist etwas," flüstert sie, öffnet leise das Zelt auf ihrer Seite und zuckt erschreckt zusammen: „Das glaubst du nicht, da steht ein Elch vor unserem Kanu!"

Wir ziehen das Kanu nachts immer an Land und vertäuen es an einem der vielen umgestürzten Bäume. Sofort bin ich hellwach und schäle mich aus dem Schlafsack. Und tatsächlich, direkt vor unserem Boot steht ein ausgewachsener Elch und äugt zu uns hinüber. Vermutlich steht das Kanu direkt auf seinem üblich Weg. Oder das rote Seil, das heute straff gespannt ist, hindert ihn am Weitergehen. Hauptsache, er steigt nicht ins Kanu hinein und demoliert die Bordwand mit seinen Hufen denke ich, als ich so schnell und gleichzeitig so leise wie möglich Stativ und Kamera aufbaue. Film läuft. Das ist dem Elch dann aber doch zu viel und er sucht irritiert das Weite, nicht ohne sich ab und zu umzublicken und zu vergewissern, ob ihm auch niemand folgt.

Die ganze Nacht über hat es geregnet. Das Holz ist nass und ein Feuer bekomme ich nicht an. Frustriert nehme ich den Gaskocher, um das Frühstück vorzubereiten. Gestern Abend hatte ich noch Flusswasser in einen Behälter gefüllt. Über Nacht hat sich der Sand abgesetzt, aber die Farbe erinnert immer noch an zu dünnen Milchkaffee. Ich schütte aber dennoch Kaffeepulver hinzu. Abgekocht kann man das Wasser natürlich trinken, trotzdem ist es optisch nicht sehr appetitlich. In Deutschland würde vermutlich kaum jemand dieses Wasser auch nur zur Autowäsche verwenden - vom Trinken einmal ganz zu schweigen. Aber der Kaffee schmeckt vielleicht sogar besser als mit Leitungswasser. Ich bin froh, dass Simone damit auch keine Probleme hat.

Natürlich münden immer wieder auch kleinere Bäche in den Yukon, vor allem nach dem vielen Regen. Da hätten wir genug klares Wasser. Aber wenn die Landschaft flacher wird, wird es auch damit vorbei sein. Das Wasser in dem Bach, an dem wir nun vorbei kommen, hat eine ganz andere Färbung. Es ist rotbraun. Ich bin mir nicht sicher, ob es eisenhaltig ist oder ob die Farbe von der Erde kommt.

„Lass uns anhalten, ja?"
„Du hast recht, das macht keinen Sinn."
Der Gegenwind ist so stark geworden, dass wir nur mit Mühe vorwärts kommen. Wir könnten heute noch Dawson City erreichen, hatten wir ausgerechnet. Dem Ziel opferten wir auch unser warmes Mittagessen. Vor ein paar Tagen haben wir unsere Mahlzeiten umgestellt. Anstatt abends noch zu kochen, machen wir jetzt eine lange Mittagspause. Abends gibt es dann meistens Brot. Damit schlagen wir zwei Fliegen mit einer Klappe: Nach einem langen Paddeltag sind wir einfach zu müde und vor allem auch zu hungrig, um noch lange in der „Küche" zu werkeln. Und wir haben den Essensgeruch

nicht an unserer Kleidung, wenn wir schließlich zum Schlafen ins Zelt gehen: Es ist wenig gewonnen, wenn man wegen der Bären zwar nicht in Zeltnähe kocht, Hose und Jacke aber später verlockend riechen. Von unseren Gastgebern in Whitehorse haben wir die Empfehlung bekommen, die nach Essen riechende Kleidung nachts ebenfalls geruchsdicht zu verstauen. Aber soviel Platz haben wir in den Tonnen gar nicht.

Als der Wind nachlässt, machen wir uns wieder auf den Weg. Zweimal müssen wir den Fluss queren, dann tauchen vor uns die ersten Häuser auf. Dawson City empfängt uns mit einem Regenbogen und Abendsonne.

Wir halten uns an der linken Flussseite. Dort soll es zwei Campingplätze geben. Zuerst müssen wir aber auf die Fähre aufpassen. Sie verbindet Dawson mit dem Top of the World Highway, der nach Alaska führt. Die Fähre fährt den ganzen Tag über hin und her, was für uns nur gut ist, da der Zeltplatz dem Ort gegenüber liegt.

Das Anlegen erweist sich als schwirig. Die vielen großen Steine sind glitschig und wir müssen alles ein paar Meter die steile Uferböschung hinaufwuchten. An jedem Stellplatz gibt es einen Tisch und zwei Bänke, was für uns purer Luxus ist. Dafür hat der Zeltplatz aber nur Plumpsklos, keine Duschen

Ende Juni im Licht der Mitternachtssonne

Keine Filmkulisse, sondern Straßenfront in Dawson City

und noch nicht einmal Trinkwasser. Die 12 Dollar Platzgebühr kommen in einen Umschlag, den man in eine Art Briefkasten wirft - so wird auch gleich das Personal eingespart.

Wir bauen das Zelt auf und machen uns auf den Weg zu Dieter. Er ist vor über 20 Jahren nach Kanada ausgewandert und betreibt den anderen Zeltplatz direkt an der Fähranlegestelle, an dem wir allerdings vorhin vorbeigerauscht sind. Dort treffen wir auch auf unseren ersten Bären - allerdings ist es nur ein Stoffbär, der zusammen mit vielen anderen Kuriositäten für einen besonderen Charme des Geländes sorgt. Duschen gibt es hier leider auch nicht, aber wir erfahren zumindest, wo wir in Dawson danach suchen müssen.

6. Goldrausch

Heute ist Canada Day! Schon auf der Fähre gibt es kleine Tattoos mit einem Ahornblatt für die Wange. Aber wir müssen erst einmal duschen, bevor wir uns für den Nationalfeiertag zurecht machen können. Die Betreiberin des

Campingplatzes für Wohnmobile, dort befinden sich die begehrten Münzduschen, empfiehlt uns das Downtown Hotel zum Frühstücken. Und der Tipp war goldrichtig. Unter Bergen von Bratkartoffeln liegen kross gebratene Speckscheiben, dazu gibt es Rührei und den Kaffee können wir gar nicht so schnell austrinken, wie er von der netten Bedienung nachgeschenkt wird. Heute geht es hier ruhig und gesittet zu. Aber wie mag es um 1899 gewesen sein, als der Goldrausch seinen Höhepunkt erlebte? 22 Tonnen Gold holte man in dem Jahr aus dem Boden. Dawson City hatte damals ca. 40.000 Einwohner und wurde in wenigen Monaten zur größten Stadt nördlich von San Francisco. Als einer der ersten Orte in Nordamerika bekam Dawson Strom, Telefon und fließendes Wasser. Es gab Schulen, ein Krankenhaus und vier Zeitungen. Die Preise allerdings stiegen exorbitant. Ein Ei kostete einen Dollar, ein Zelt 400 Dollar - pro Monat. Aber nur wer seine Claims rechtzeitig abgesteckt und registriert hatte, konnte reich werden. Alle anderen mussten für die glücklichen Claimbesitzer unter hundsmiserablen Bedingungen arbeiten.

Einer von ihnen war übrigens Jack London, der allerdings bereits nach wenigen Monaten ohne ein Gramm Gold, aber von schwerer Krankheit gezeichnet zurückkehren musste. Dafür hatte er in der kurzen Zeit viele Erfahrungen und Eindrücke gesammelt, die er in den folgenden Jahren in seinen Erzählungen verarbeitete. Vor allem durch seine großartigen Tiergeschichten wurde er zu einem der populärsten Schriftsteller Amerikas.

Dem kurzen, aber heftigem Goldrausch folgte ein langer Kater. Längst hat das besser zu erreichende Whitehorse der Stadt den Rang abgelaufen. In den 1990er Jahren hatte sich die Zahl der Einwohner bei etwa 2.000 stabilisiert. Heute steigt sie wieder leicht an. Von den Häusern von damals stehen noch erstaunlich viele, die überwiegend schön restauriert sind. Man gibt sich viel Mühe, den alten Zustand zu bewahren. Deshalb sind noch immer die Straßen nicht asphaltiert und je nach Wetter staubig oder schlammig. Fußgänger laufen auf hölzernen Planken.

Seit der Anbindung an das Straßennetz nimmt der Tourismus zu und ist inzwischen die wichtigste Einnahmequelle. Heute sind aber vor allem die Einheimischen auf der Straße, die ihren Nationaltag feiern. Die Parade auf der Front Street ist nicht wirklich beeindruckend, aber vor dem ehemaligen Rathaus sorgen dann Live-Musik und Barbecue für eine tolle Stimmung.

Aber der Tag hält noch mehr Überraschungen für uns bereit. Vor der Stadt mündet der Klondike River in den Yukon. Der Fluss hat klares Wasser, und bevor sich das Wasser der beiden Flüsse vermischt, fließt es für mehr als einen Kilometer parallel. Das sieht aus, als würde eine unsichtbare Wand die beiden Flüsse daran hindern, sich miteinander zu vermischen. Unsere Hoffnung, dass durch den Klondike das Wasser im Yukon nun weniger trüb sein würde, erfüllt sich jedoch leider nicht.

Am Ufer liegt ein abenteuerlich aussehendes Floß. Die Besitzer treffen wir wenig später in der Touristeninformation. Sie kommen aus Erfurt und haben erstaunlicherweise nur wenig länger als wir für die 700 Kilometer gebraucht. Ihr Floß ist komplett aus Müll erbaut und soll nach der Tour wieder recycelt werden. Das Allerbeste ist jedoch, dass mitten auf dem Floß ein großes Sofa montiert ist und sie es so schön bequem haben. Dort sitzen sie dann auch während des kurzen Interviews, das ich mit ihnen führe.

Sie berichten: „Wir haben uns vor sechs Jahren in Erfurt kennen gelernt. Vor etwa fünf Jahren haben wir ein Buch über eine Floßfahrt auf dem Yukon gelesen. Damals haben wir uns gesagt: Das machen wir auch! Und dieses Jahr ist es nun soweit. Wir waren jetzt 18 Tage unterwegs und das Ganze war eigentlich ziemlich lässig. Wir haben auf jeden Fall viel auf der Couch gesessen und gelesen."

Ich glaube, ein wenig untertreiben sie. Aber etwas neidisch sind wir schon auf dieses Sofa. Nach 12 Tagen harter Sitzbank im Kanu wäre das auch etwas für mich, denke ich. Ihre Tour ist allerdings hier zu Ende. Da die Strömung nun langsamer wird und sich spätestens ab Circle kaum noch bemerkbar macht, hätten sie kaum eine Chance, voranzukommen.

Es war angeblich im Jahre 1973, als Captain Dick einen eingetrockneten Zeh unter den Bodenbrettern einer alten Hütte fand. Die meisten von uns würden etwas so Ekelhaftes wahrscheinlich schnell wieder loswerden wollen und den Zeh vielleicht irgendwo begraben. Captain Dick hingegen behielt ihn, legte ihn in Alkohol ein und machte ihn im Laufe der Jahre zu einer der Attraktionen der Stadt. Er erklärte sich selbst zum ersten Mitglied des Sourtoe Cocktail Club. Inzwischen stehen die Namen von 22.000 Menschen aller Nationen in den Unterlagen. Die Aufnahmebedingungen sind ganz einfach:

Der Zeh kommt aus der Truhe, in der er normalerweise aufbewahrt wird, in ein gewöhnliches Glas. Dieses wird mit einem alkoholischen Getränk nach Wahl aufgefüllt - fertig ist der Cocktail. Und während der Zeremonienmeister die Worte spricht: „You can drink it fast, you can drink it slow, but the lips have to touch the toe", muss der Zeh beim Austrinken des Glases die Lippen berühren. Für die Person mit dem Glas in der Hand bedeutet das Überwindung, für die Umstehenden eine große Gaudi und für mich natürlich eine ungewöhnliche Filmsequenz.

„Das wird sicherlich richtig ekelhaft. Stell Dir vor, das Ganze später auf einer Sechs-Meter-Leinwand und der Zeh in Großaufnahme", schwärme ich Simone vor. „Jetzt brauche ich nur noch einen Protagonisten …"

„Vergiss es!", lese ich in ihren Augen, noch bevor sie die Worte ausspricht. Nun gut, damit hatte ich auch gerechnet. „Mach es doch selbst."

„Geht nicht, ich muss ja filmen", entgegne ich und bin darüber alles andere als unglücklich. Im Laufe des Abends wird sich schon jemand finden, es sind ja genug Touristen in der Stadt.

Der Zeh ist im Laufe der Jahre ganz schwarz geworden und sieht wirklich nicht einladend aus. „Es ist aber nicht mehr der Originalzeh", verrät mir der Besitzer der Bar. „Den hat mal jemand verschluckt. Aber bei den vielen Sägewerken in der Umgebung ist der Nachschub gesichert!"

Nachdem sich der erste Zuschauer getraut hat, kommen gleich mehrere Nachahmer und ich habe meine Aufnahme. Richtig glücklich blickt allerdings keiner von ihnen in die Kamera …

Auch wenn die Zeiten des Goldrausches schon lange und unwiederbringlich vorbei sind - Gold wird auch heute noch am Klondike gefunden. Während vor hundert Jahren fast nur Einzelpersonen mit Hacke und Schaufel geschürft haben, wurde in den 1930er bis 1950er Jahren mit riesigen Maschinen das gesamte Gebiet teils mehrfach umgegraben. Das Bett des Klondike River wurde sogar von der einen auf die andere Seite des Tales verlegt. Riesige Schuttberge bestimmen das Bild in dieser Region. Heute wird meist mit kleinen Maschinen und wenigen Mitarbeitern das Gebiet erneut durchsucht. Gut eine Million Dollar kostet eine solche „kleine" Anlage. Diese Maschinen arbeiten so effizient, dass auch das nochmalige Umgraben der Schutthalden Ertrag verspricht. Das ist vor allem dann erstaunlich, wenn man weiß, dass diese Geräte auch im laufenden Betrieb nicht billig sind. Über eintausend Liter Benzin verbrauchen sie pro Stunde.

Dies alles erfahren wir auf dem Grundstück von David, der dort mit seinen drei Kindern und einem Angestellten seit vielen Jahren nach Gold schürft. Die Kinder konnten bereits im Alter von 13 Jahren alle Maschinen selbständig bedienen.

Seine Mutter sitzt vor dem einzigen Haus, das von einer Siedlung übrig ist, die früher einmal aus mehreren tausend Einwohnern bestand. In diesem Haus wohnen sie allerdings nur im Sommer. „Genau wie wir arbeiten auch fast alle anderen Goldsucher vom Eisaufbruch Ende April bis zum Wintereinbruch im Oktober mehr oder weniger durchgehend. Fließendes Wasser ist so ziemlich das Wichtigste, was man zum Goldsuchen braucht. Im Winterhalbjahr ist das nicht gegeben, dann wohnen fast alle Goldsucher in der Stadt."

Oder sie fliegen zu ihrem Zweitwohnsitz in der Karibik oder auf Hawaii, vergisst sie hinzuzufügen. Das erfahren wir nämlich später in der Stadt beim Registrierungsbüro. Davon einmal abgesehen, läuft auch heute noch vieles

Gefeiert wird am Nationaltag, dem „Canada Day", auch in Dawson City

genauso ab wie damals: Man steckt sein Claim ab, der 500 mal 1500 Fuß misst, und lässt ihn bei der Behörde registrieren. Einmal im Jahr muss man nachweislich auf dem Grundstück arbeiten, sonst fällt es zurück an den Staat. Das wird auch tatsächlich mit Stichproben überwacht. Genauso wie die hohen Umweltschutzauflagen, die heute im Gegensatz zu früher erfüllt werden müssen. Das Grundstück selbst gehört den Schürfern aber nicht. Sie dürfen zwar Bodenschätze abbauen, eine Hütte errichten und dort leben, werden aber nicht Eigentümer des Landes. Das so gewonnene Gold allerdings darf man bis auf eine kleine Abgabe behalten.

Goldsuchen kann zur Sucht, ja, zur Droge werden. Ob er reich ist oder nicht, ist einem Miner jedoch nie anzusehen. Alle kleiden sich mehr oder weniger gleich und sprechen nicht über ihre Erfolge oder Misserfolge. Lediglich an der Stimmung oder an der Höhe der Trinkgelder in der Bar soll man es erkennen können, wird uns erzählt. Wir dürfen unser Glück dann auch einmal versuchen - allerdings nur mit einer herkömmlichen Goldpfanne, die man aus alten Western kennt. Nach ein paar Minuten Schwenken im eiskalten Bach sollen auf Grund der physikalischen Eigenschaften - Gold ist siebenmal schwerer als anderes Gestein - die Goldnuggets im Teller liegen bleiben. Und es klappt, wir finden tatsächlich Gold! Nun, von Nuggets würde ich nicht sprechen, aber ein kleines Plättchen von etwas weniger als einem Quadratmillimeter liegt tatsächlich auf dem Boden der Pfanne. Es gibt also wirklich noch immer Gold am Klondike!

Keno heißt der Schaufelraddampfer, der in Dawson City vor rund 50 Jahren für immer Station gemacht hat. Perfekt restauriert kann man das Schiff besichtigen und sich vorstellen, wie es früher hier zugegangen ist. Um der Fantasie noch ein wenig auf die Sprünge zu helfen, treffen wir J.J. van Bider. Er ist inzwischen 82 Jahre alt und hat früher auf mehreren Flussdampfern gearbeitet. Als ich ihn bitte, mir für eine Minute etwas in die Kamera zu erzählen, antwortet er verschmitzt: „Oh boy, unter vier Tagen geht da gar nichts!" Seine Hauptaufgabe, so viel bekommen wir heraus, war das Versorgen der Maschine mit Holz. Alle 30 Sekunden wurde ein Baumstamm von exakt einem Meter Länge in den Kessel geschoben. Dies sorgte für die nötige Power, um das riesige Schaufelrad anzutreiben und um auch gegen die Strömung fahren zu können. Dafür gab es etwa alle 50 bis 60 Kilometer

Haltestellen, an denen Bäume gefällt und zugesägt wurden. Da sie bereits aufgestapelt am Ufer lagen, wenn das Schiff kam, konnten diese Stopps so kurz wie möglich gehalten werden. Ein paar dieser Stellen kann man auch heute noch sehen. Inzwischen hat aber natürlich die Natur das Gelände wieder zurückerobert. Aber da die Bäume so weit nördlich nur sehr langsam wachsen, fallen einige Stellen immer noch auf. Meine Gedanken wandern zurück zur Evelyn, die wir vor ein paar Tagen auf der Insel entdeckt haben. So strahlend schön muss auch sie einmal ausgesehen haben. Aber sie hatte wohl das Pech, an der falschen Stelle überwintern zu müssen.

Dawson City gefällt mir sehr gut. Durch die alten Gebäude und unbefestigten Wege hat der Ort viel Charme und ich kann mir vorstellen, wie er früher einmal ausgesehen hat. Heute gibt es hier für uns alles, was das Herz begehrt. Endlich kann ich E-Mails nach Hause schicken. Wir können zwischen verschiedenen Supermärkten wählen und unseren Proviant mit frischem Gemüse auffüllen. Sogar Vollkornbrot finden wir. Und ständig werden wir mit Kaffee, Kuchen, Gegrilltem und Eis verwöhnt. Am Canada Day und zum 50. Geburtstag des Dampfers Keno lädt die Stadt alle ein. Das kosten wir natürlich aus. Nach zwei Tagen fühle ich mich erholt und die Energiereserven sind wieder aufgefüllt.

Und schon will ich auch wieder los! Ich dachte eigentlich, länger hierbleiben zu wollen, doch ich muss feststellen, das mir die Annehmlichkeiten der Zivilisation, die Restaurants und Cafés schnell langweilig werden. Das tägliche Ritual, ein eigenes Feuer zu machen und selbst zu kochen, fehlt mir. Was anfangs eine willkommene Abwechslung war, fängt an, mich nicht mehr zu interessieren. Und duschen muss man ja auch nicht ständig ... Ich will wieder auf den Fluss, um die Ruhe und Abgeschiedenheit der Natur zu erleben. Zudem habe ich heute gehört, dass im September die Temperatur auf -5°C sinkt! Das sind ja schöne Aussichten, es bleibt uns kaum noch Zeit zum Trödeln, wenn wir am Ende nicht richtig frieren wollen. Wir sollten also spätestens Ende August an der Beringsee sein. Schaffen wir das? Immerhin sind es noch über 2300 Kilometer und heute ist der 1. Juli. In einem sehr interessanten Laden mit einem Mix aus neuwertigen Campingartikeln, Antiquitäten, Mammut-Stoßzähnen und gebrauchter Armee-Kleidung erstehe ich vorsorglich ein paar dicke knielange Wollsocken.

Der Yukon mündet in die Beringsee – Wasser, so weit, wie das Auge reicht

Eine sogenannte „Dredge" zum Goldabbau. Von der Funktion her mit unseren Tagebau-Kohlebaggern zu vergleichen.

Fußabdruck eines Grizzlys in der Nähe unseres Zeltes

*Die Kinder zeigten in der Regel großes Interesse an uns.
Hier kommt nun einmal selten ein Fremder vorbei.*

Nach drei Tagen verlassen wir Dawson City wieder. Der Zwischenstopp hat uns gutgetan, aber nun freuen wir uns, dass es weiter geht. Das Wasser ist so trüb wie zuvor, der Zufluss des nicht gerade kleinen Klondike hat nichts daran geändert. Schnell sind die Häuser hinter unserem Rücken verschwunden.

Wir haben gerade unseren Rhythmus gefunden, als uns - wie aus einer anderen Welt - eine moderne Personenfähre entgegen kommt. Das Schiff sieht wie ein schwimmendes Ufo aus und passt ganz und gar nicht hierher. Wir haben bereits von einem Ausflugsschiff gehört, dass Touristen von Dawson City zu einem Tagesausflug nach Eagle/Alaska bringen soll. Ich hatte mir darunter allerdings eher einen modernen, wie auch immer gearteten Raddampfer vorgestellt. Ungläubig starren wir dem Schiff entgegen. Vermutlich drängen sich auch gerade die Passagiere hinter den getönten Scheiben und lassen die Fotoapparate klicken: Wahrscheinlich sind wir die Attraktion des Tages. Ich komme mir vor wie ein Tier im Freigehege. Zum Glück stoppt der Kapitän die Maschinen, als er uns erblickt, und das sicherlich nicht nur wegen der besseren Fotos. Die Wellen würden uns schwer zu schaffen machen, wenn nicht sogar umwerfen. Gegenüber dem Schiff wirkt unser eigentlich geräumiges Kanu wie eine Nussschale. Die Fährverbindung ist übrigens bei vielen Bewohner sehr umstritten, habe ich gehört. Ein gekentertes Kanu wäre sicherlich die letzte Schlagzeile, die die Eigentümer des Passagierschiffs gebrauchen könnten.

Die nächste Gefahr droht nun von oben. „Achtung, Möwenangriff!", ruft Simone. Wieder einmal greifen uns Möwen an, die wohl um ihr Nest oder ihre Jungen bangen. Sie kommen wie aus dem Nichts und ich habe gerade noch Zeit, das Paddel in die Höhe zu reißen, um zu verhindern, dass sie meinen Kopf angreifen. Vermutlich kommen sie aus der Steilwand links von uns. Als sie abdrehen, versuche ich dem Kanu mit ein paar schnellen Paddelschlägen eine andere Richtung, weg von den Felsen, zu geben. Es gelingt mir kaum, da sich die Hauptströmung an der Außenseite der Kurve befindet, dort, wo auch die Felsen sind. Schnell wieder das Paddel in die Höhe, den nächsten Angriff abwehren.

„Scheiße!", schreie ich.

„Was ist los?"

„Die haben mir auf die Jacke gekackt!" Zielsicher hat die letzte Möwe beim Abdrehen wie als Abschiedsgruß dicke weiße Sprenkel auf meiner Jacke hinterlassen. Die beiden kommen bestimmt nicht wieder, wird sie jetzt frohlocken. Stimmt, das haben wir auch wirklich nicht vor.

„Das es hier überhaupt Möwen gibt, so weit von der Küste entfernt", wundere ich mich. „Hoffentlich erleben wir das jetzt nicht jeden Tag", sagt Simone. „Beim Abwehren kann schnell mal etwas über Bord gehen."

Wir sind jetzt genau zwei Wochen unterwegs und die Liste der gefährlichsten Tiere liest sich wie folgt: Bienen und Wespen (Simone wurde gestern wieder einmal gestochen), Möwen, Moskitos, Menschen. Letztere gehören eigentlich immer auf die Liste, wenngleich es bis jetzt noch keinen konkreten Grund dafür gab. Ich bin gespannt, was noch dazukommt.

Für Dawson ist heute Gewitter angesagt. Für Eagle, unserer nächsten Station, allerdings Sonnenschein. Wir befinden uns irgendwo im Niemandsland zwischen diesen beiden Orten - und damit übrigens auch zwischen Kanada und den USA. Wir hoffen, dass wir dem Unwetter davonpaddeln können. Trotz des Windes ist es ein unglaublich heißer Tag. Am Nachmittag müssen wir ein längere Pause einlegen. Der Wind wird zu stark, wir kommen kaum voran.

„Du, schau mal. Zum ersten Mal sehe ich, das ein Holzstückchen auf dem Wasser flussaufwärts getrieben wird. Hätten wir heute morgen etwas vergessen - das wäre unsere Chance zurückzufahren und es abzuholen", frotzele ich. Simone ist aber gerade nicht zu Scherzen aufgelegt. Die letzte Stunde gegen den Wind ging ganz schön in die Knochen. Ich hatte uns weiter getrieben, da ich glaubte, wenn wir nach der nächsten Kurve dicht an der Steilwand blieben, führen wir im Windschatten. Aber auch nach der 90-Grad-Kurve ist der Wind weiterhin von vorne gekommen. Eigentlich hätte er von der Seite kommen müssen, doch das Tal, durch das wir paddeln, wirkt mit den Hügeln links und rechts wie ein kleiner Canyon.

An der Einmündung des Fourty Mile River befand sich die älteste Siedlung im Yukon-Gebiet. Gegründet wurde sie bereits 1878, also noch vor dem Goldrausch. Grund waren die Karibuherden, die hier auf ihrer Wanderung von Alaska in die Wintergebiete im Süden vorbeikamen. Bis zu 1.000 Menschen lebten damals in dem Ort. Viel ist auch von dieser Siedlung nicht übrig geblieben. Ein paar Blockhütten, das ist alles. Wir treffen auf Weiße und ein paar Indianer, die am Wiederaufbau einer Hütte arbeiten. Sie heben allerdings kaum den Kopf, als wir sie auf unserem kurzen Rundgang freundlich grüßen.

7. Auf nach Alaska

Zwei kleine Fähnchen markieren die Stelle, an der sich die Grenze zwischen den USA und Kanada befindet. Weder der Fluss noch die Landschaft ändern sich - natürlich nicht. Auch von der Schneise im Wald, die es einmal gab, ist nichts mehr zu sehen, sie ist längst wieder zugewachsen. Nach einer Stunde kommen ein paar Hütten auf der linken Seite in Sicht. Nach einer weiteren Stunde erreichen wir unseren ersten Ort in Alaska: Eagle.

„Der Yukon", überlege ich, „ist wohl die einzige Möglichkeit, illegal in die USA einzureisen. Alle anderen Grenzen sind ja streng bewacht. Hier am Fluss steht natürlich niemand. Man müsste sich dann nur rechtzeitig vor dem Ort links in die Büsche schlagen." Der Weg bis zur nächsten Straße wäre allerdings recht weit. Und wie unzugänglich der Wald ist, haben wir ja schon festgestellt. Aber wir haben sowieso genau das Gegenteil vor. Wir brauchen unbedingt einen Einreisestempel, sonst bekommen wir spätestens bei der Ausreise erhebliche Probleme. Und so suchen wir nach dem Anlegen erst einmal das Immigration Office. Es befindet sich in einer kleinen Blockhütte, nicht weit von unserer Anlegestelle entfernt. Allerdings ist niemand dort. Doch nur wenig später kommt ein Geländewagen angebraust und ein Officer springt heraus. „Hi. Ich habe gerade eine Anruf erhalten, dass hier zwei Kanuten angekommen sein sollen."

„Von wem?" frage ich erstaunt. „Ach", sagt er mit einem Grinsen, „hier fallen Fremde schnell auf. Außerdem habe ich euch schon erwartet." Aber auf meine Frage hin, woher er denn wusste, dass wir kommen, antwortet er auch nur ausweichend. So viel also zum illegalen Einreisen, denke ich, behalte es aber für mich.

Wir setzen uns draußen auf eine Holzbank. Chuck, so stellt er sich vor, freut sich sehr, als er erfährt, dass wir aus Deutschland kommen. „Ich war dort einige Jahre bei der Army. Später habe ich dann deutsche Kampfpiloten in Arizona trainiert. War eine tolle Zeit. Jetzt bin ich seit drei Jahren hier oben in Eagle." Viel sei hier nicht los, aber das genieße er sehr.

"Letztens kamen zwei Österreicher mit einem Floß vorbei. Sie schafften es nicht ans Ufer und strandeten auf der Insel in der Mitte des Stroms. Ich musste dann mit dem Boot rüberfahren und sie abholen." Während er die Geschichte erzählt, rudert er mit den Armen und aus seinem halbvollen Kaffeebecher, den er nie abstellt, schwappt etwas Kaffee.

Es folgen natürlich die üblichen Fragen nach dem Woher und Wohin, und wir müssen auch die obligatorischen Formulare ausfüllen. Dies ist schließlich ein offizieller Grenzübergang. "Adresse oder Aufenthaltsort in den USA?", fragt Chuck uns. Wir schauen ihn ratlos an. Schließlich wissen wir nicht, wie weit wir kommen werden. Und den Ort an der Mündung des Yukon in die Beringsee einzutragen, erscheint uns doch sehr vermessen. Außerdem dauert es ja bis dahin noch zwei Monate - wenn wir es denn überhaupt schaffen sollten. Chuck denkt kurz nach und schreibt dann "Yukon River" in das betreffende Feld. Das nenne ich pragmatisch! Wir wohnen jetzt also offiziell am Ufer des Yukon - und genau so ist es ja auch.

Die sechs Dollar, die normalerweise als Gebühr zu entrichten sind, wenn man auf dem Landweg einreist, müssen wir nicht bezahlen. Auf eine Gepäckkontrolle verzichtet Chuck ganz. Wir hatten uns schon Sorgen wegen unserer Lebensmittel gemacht. Die USA sind ja normalerweise ganz streng, was die Einfuhr angeht. Aber hier oben kümmert das keinen. Die grüne Karte muss nun noch in den Pass, aber Chuck findet seinen Tacker nicht. Kurzerhand nimmt er eine Rolle schwarzes Isolierband und da er seine Schere auch nicht finden kann, reißt er mit den Zähnen zwei Streifen ab und klebt die Formulare damit auf eine leere Seite unserer Reisepässe. Es sieht ein wenig plump und selbstgemacht aus. Ich schaue ihn etwas zweifelnd an - könnte das nicht später Probleme geben? "Ach", sagt er, "ihr fliegt doch bestimmt über Anchorage nach Hause, oder?"

"Ja, richtig."

"Dann sagt einfach, Chuck konnte seinen Tacker nicht finden. Die kennen mich alle am Flughafen. Ist schon okay."

Welch ein Kontrast zur üblichen Einreiseprozedur, z.B. am JFK Airport in New York, denke ich nur.

Eagle ist ein beschaulicher Ort mit etwa 120 Einwohnern. Es gibt ein Postamt, eine Bücherei und einen kleinen Laden. Leider hat die Flut im letzten Frühjahr Teile des Dorfes mit riesigen Eisschollen zerstört. Öffentliche Duschen gibt es derzeit keine und auch das Restaurant fiel der Naturgewalt zum Opfer. Schade, wir hatten uns wieder auf ein schönes Frühstück gefreut.

Chuck schickt uns zu Olga. Sie würde in dem Haus mit den vielen Vogelhäusern wohnen und wenn sie Zeit hat, uns sicherlich etwas zu essen machen. Das Haus ist unschwer zu finden. Tatsächlich hängen mehrere Dutzend Vogelhäuschen an der Hauswand. Olga hat leider gerade viel zu tun, sodass sie uns nichts zu essen machen kann. Uns aber mit Kaffee zu versorgen, lässt sie sich nicht nehmen. Einen kurzen Besuch statten wir dem Museum ab. Wie man an den alten Bildern sehen kann, ist die Zeit hier stehen geblieben. Kaum etwas hat sich verändert. Wir schlendern über die Hauptstraße und treffen auf Ed, der das zu bestätigen scheint. Nur wenige Autobesitzer seien jünger als ihr Fahrzeug - und bei einem 70-Jährigen heißt das schon etwas. Sein Ford ist Baujahr 1925 und seit über 80 Jahren in Eagle beheimatet.

Der Flughafen besteht aus einer kleinen Baracke, einem alten Tankwagen und einer Graspiste. Die Verkäufer einiger Souvenirstände öffnen gerade ihre „Geschäfte", die aber lediglich aus ein paar Tischen bestehen. Darüber, am offenen Eingang zum Zelt prangt groß ein Schild: „Eagle Mall". Während sich alle auf die Ankunft des Bootes aus Dawson vorbereiten, machen wir unser Kanu wieder los, paddeln eine halbe Stunde und kochen dann unser eigenes Essen.

Auf der Weiterfahrt beginnt es zu regnen. Dunkle Wolken ziehen auf. Wir sind in einer langgezogenen Außenkurve, entdecken an der Steilküste aber eine kleine Lücke und halten vorsichtshalber an. Aber das Unwetter zieht vorbei.

Schon zum zweiten Mal sehen wir Schneereste in einer vor Sonnenstrahlen geschützten kleine Schlucht. Ob der Schnee wohl im Sommer wegtaut - oder handelt es sich hier um einen Minigletscher?

Eine Möwe mit Jungtier sitzt am Ufer. Wenn sich das Kleine nicht bewegt, ist es mit dem grauen Gefieder zwischen den Steinen nicht zu erkennen. Obwohl wir sehr dicht an der Möwe vorbeifahren, werden wir diesmal nicht angegriffen. Sie will wohl ihr Kleines nicht alleine lassen, mutmaße ich.

Vor ein paar Tagen haben wir ja beschlossen, unseren Rhythmus umzustellen und fahren damit auch ganz gut. Mittags nehmen wir uns jetzt viel Zeit. Da es gleich noch einen Kaffee hinterher gibt, verlängert sich die Mittagspause auf etwa zwei Stunden. Dafür gibt es dann abends nur Brot. Nun nicht mehr bestimmt unser Hunger den Zeitpunkt der Suche nach einer Übernachtungsmöglichkeit. Mit dem neuen Rhythmus schaffen wir an einem Tag nie für möglich gehaltene 94 Kilometer. Kurz nach 22 Uhr, die Sonne ist noch nicht untergegangen, erreichen wir Slaven's Roadhouse.

Das zweistöckige Holzgebäude gehört heute der Nationalparkverwaltung - allerdings schaut nur ab und zu einmal ein Ranger vorbei. Das Haus ist offen, es stehen mehrere Betten darin und auch eine komplett eingerichtete Küche. Wir treffen auf drei Amerikaner, die mit einem Schlauchboot auf einem Wochenendtrip sind. Und wir lernen Dieter aus Freiburg kennen, der ganz allein mit einem Kajak nach Fort Yukon möchte.

Weil in dem Gebäude aber auch viele Moskitos ihr Unwesen treiben, bauen wir draußen unser Zelt auf. Aber auch hier dauert es nur wenige Sekunden, bis sich unsere Ankunft unter den Blutsaugern wie ein Lauffeuer verbreitet hat. Hunderte, vielleicht auch Tausende umschwärmen uns. Nur das Moskitospray verhindert, dass sie uns stechen. Aber sie sitzen dicht an dicht auf unserer Kleidung und auf dem Gepäck. Zum ersten Mal erleben wir das so extrem. Ich mag mir gar nicht ausmalen, was noch auf uns zukommen kann.

Nur mit Moskitohut und Netz vor dem Gesicht können wir am nächsten Tag die drei Kilometer lange Wanderung zur Dregde unternehmen, einem riesigen Bagger, ähnlich den Fahrzeugen, die noch heute im Kohle-Tagebau eingesetzt werden. Mühsam hat man in den zwanziger Jahren alle Teile einzeln über den Fluss herbringen müssen und sie anschließend wieder zusammengesetzt. Seit mehr als 50 Jahren steht die Dredge inzwischen unbenutzt herum. Irgendwann war die Lagerstätte erschöpft und natürlich macht sich keiner die Mühe, das Gerät wieder zu demontieren und wegzubringen. Von außen scheint der Bagger in tadellosem Zustand zu sein. Wir finden sogar eine Möglichkeit, das Innere zu betreten. Hier kommen wir nun aus dem Staunen gar nicht mehr heraus: Wir betreten ein Museum, das den Anschein macht, als wenn die Arbeiter jeden Moment von ihrer Frühstückspause

Sonnenuntergänge verzauberten uns immer wieder

zurückkommen würden. Werkzeug liegt herum, ebenso Material zum Löten und kleine Ersatzteile, auf dem Stuhl hängt noch eine Arbeitsjacke. Über Treppen geht es hinauf zum Führerstand. Durch große Glasscheiben kann man hier direkt in die Fördertröge schauen und die Maschine dirigieren. Es würde mich nicht wundern, wenn alles noch funktionieren würde.

Die trockene Luft muss alles konserviert haben. Und wie gering die Luftfeuchtigkeit hier trotz häufiger Regenfälle und Schnee ist, habe ich schon am Vortag beobachten können: Fielen einzelne Regentropfen auf einen Stein, konnte ich zusehen, wie sie wieder verdunsteten. Irgendwo habe ich gelesen, dass hier die Niederschlagsmenge nur ein Drittel der Menge in Deutschland beträgt. Von Wüstenklima zu sprechen, wäre sicherlich übertrieben - aber es geht in diese Richtung.

Pancakes auf dem Gasherd zuzubereiten und an einem normalen Tisch zu sitzen, ist der Luxus, den wir uns heute gönnen. So genießen wir den Aufenthalt hier am Coal Creek und kommen erst sehr spät los. Gegenwind macht uns zu schaffen und wir versuchen im Windschatten nahe der Steilwände in der Außenkurve zu paddeln, was heute etwas besser als in den letzten Tagen gelingt. Zum wiederholten Mal sehen wir Weißkopfseeadler. Aber das Wappentier der USA ist sehr scheu. Die Vögel sitzen hoch in den Bäumen, für ein gutes Foto oft zu weit entfernt.

Chuck hat uns empfohlen, in Slaven's Roadhouse zu übernachten. Ein großes Gebäude, gemütlich und sauber - hier könnte man auch überwintern, wenn genug Lebensmittel und Holz da wären. Ich fühle mich hier gleich wohl, das Haus hat eine warme Atmosphäre und ist auf einer Wiese mit Blick auf den Fluss optimal gelegen. Draußen wurden Tonnen aufgestellt, um Regenwasser aufzufangen und es gibt ein Plumpsklo. Hier könnte ich länger bleiben, ich komme mir ein wenig vor wie in „Unsere kleine Farm". Die Moskitos machen mir nicht so viel aus.

Am nächsten Morgen sind die anderen Bewohner sehr früh aufgebrochen, wir sind wieder allein. Ich breite mich in der Küche aus und backe Berge von Pancakes. Da wir selbst keine Pfanne dabeihaben, sind die Kuchen auf dem offenen Feuer schlecht zu machen. Das Backblech ist inzwischen verbogen, der Teig läuft überall hin, die Pancakes sind oft auf einer Seite noch nicht durch und auf der anderen schon schwarz. Ich versuche den größten Teil der

Fertigmischung abzubacken. Das dauert lange, aber so haben wir einen Vorrat für die nächsten Tage. Bevor wir abfahren, tragen wir uns noch in das Gästebuch ein. Es ist interessant zu lesen, wer mit welchem Gefährt, mit Kanu, Kajak, Floß oder Schlauchboot da war und welche Nationen vertreten sind: Überwiegend befahren Deutsche, Kanadier und Japaner diesen Abschnitt des Yukon.

8. Am Polarkreis

Ein paar Tage später, in Circle, hoffen wir wieder auf ein tolles Frühstück. Doch auch hier gibt es kein Restaurant mehr. Allerdings ist nicht die Flut daran Schuld, sondern der Besitzer hat es letztes Jahr aufgegeben. Das glaube ich gerne. Dies ist zwar der letzte Ort mit Straßenanbindung, die Straße aber eine 250 Kilometer lange Sackgasse. Wer soll hier schon vorbeikommen? Eagle ist noch schön anzusehen, Circle jedoch besteht nur aus einer Ansammlung von Häusern ohne jeden Reiz. „Circle City, Tor zu den Yukon Flats, 69 Einwohner" verrät ein großes Schild an der Anlegestelle. Der Ort wurde nach dem Polarkreis benannt, allerdings hat man diesen bei der Namensgebung recht großzügig gefasst, denn bis zum arctic circle sind es noch gut 100 Kilometer.

Für uns ist aber von Bedeutung, dass wir hier zum ersten Mal auf eine sogenannte Washeteria treffen, ein Haus in der Dorfmitte, in dem sich Toiletten, Duschen und Münz-Waschmaschinen befinden. Wie wir später erfahren sollen, gibt es das seit den 1980er Jahren in den meisten Dörfern. Die Wohnhäuser verfügen in der Regel nicht über fließend Wasser, weil im Winter die Gefahr zu groß ist, dass die Leitungen einfrieren. Und so gibt es hier auch Trinkwasser, das sich die Bewohner in große Kanister abfüllen. Da der Wasseranschluss draußen ist, können sie einfach mit ihrem Pickup vorfahren und die Behälter auf der Ladefläche befüllen. Der Wasserdruck ist so hoch, dass mir beim ersten Versuch, unsere Trinkwasservorräte aufzufüllen, eine Wasserflasche regelrecht aus der Hand geschleudert wird.

Für nur 50 Cent genießen wir eine heiße Dusche, und während unsere Akkus laden, machen wir uns auf den Weg zum einzigen Laden des Ortes. Ein Frühstück gibt es zwar leider nicht, aber für alle, die vorbeikommen, heißen Kaffee umsonst.

Die Inhaber betreiben gleichzeitig die Tankstelle und sind auch Nachrichtenumschlagsplatz für die weiter draußen lebenden Bewohner. Sie sind beide um die 60 und leben seit 23 Jahren hier. „Wir gehen hier nicht mehr weg", sagen sie übereinstimmend auf meine Frage. Sie sitzen beide hinter dem Ladentisch, Fernseher und Computer laufen gleichzeitig. Ein Taschenrechner ersetzt die Ladenkasse. Ich darf sogar meine E-Mails abfragen, während Simone sich um die Einkäufe kümmert. Die beiden Regale sind nicht lang, aber es gibt eigentlich alles, was man braucht. Keine Ahnung, warum bei uns ein Supermarkt so riesig sein muss und es 27 verschiedenen Sorten Haushaltsreiniger gibt.

Für 53 Dollar bekommen wir: 6 Bananen, 2 Äpfel, 2 Brote, einen Weißkohl, 1 kg Salami, ein Stück Käse, 1 Liter Milch, eine Packung Nudeln, 1,5 kg Kartoffeln, 1 kg Möhren, 10 Eier und einen kleinen eingepackten Kuchen.

Wir streicheln noch einmal den Hund zum Abschied, holen unsere Akkus aus der Washeteria, verstauen unsere Einkäufe in den Tonnen und sind bald wieder auf dem Wasser. Die Strömung nimmt uns auf und die Häuser sind nach ein paar Minuten aus unserem Blickfeld verschwunden. Unsere Flussbeschreibungen und auch die einfachen Karten enden mit Circle. Und da unsere topografischen Karten erst kurz vor dem nächsten Ort, vor Fort Yukon, beginnen, sind wir jetzt für eine kurze Zeit führerlos unterwegs.

Ein Berg am Horizont ist am nächsten Tag unser Anhaltspunkt. Es wird der letzte für die nächsten Wochen sein, denn wenn wir ihn passieren wird sich die Landschaft urplötzlich weiten: Dann haben wir die berühmt-berüchtigten Yukon Flats erreicht, ein weites Tiefland, dass sich über Hunderte von Meilen in alle Himmelsrichtungen ausdehnt und dem Yukon freien Lauf lässt. Der Strom, der bisher mit markanten und teilweise steilen Ufern Bergmassive durchschnitten hat, verliert sich hier in einem verwirrenden Netz von Nebenarmen, in einem Labyrinth ungezählter Inseln und Kanäle. Früher haben nicht wenige Schiffer hier ihren Weg verloren und irrten ziellos umher. Durch die unzähligen Wendungen und 180-Grad-Kurven fließt der Fluss mal nach Süden, mal nach Norden. So kann man sich auch anhand der Himmelsrichtung kaum orientieren. Sehr ärgerlich, wenn man nach langer, mühsamer Fahrt feststellen muss, in eine Sackgasse geraten zu sein. Dazu kommt, dass der Fluss durch das kaum noch vorhandene Gefälle seine Fließgeschwindigkeit erheblich verringert.

Davon bekommen wir im Moment allerdings noch nichts mit. Aus unserer Froschperspektive heraus können wir zurzeit nicht allzu viel sehen. Etwa zwei Meter ist das Ufer in der Außenkurve hoch und ragt fast senkrecht neben uns auf. Immer wieder fallen Gesteinsbrocken laut klatschend ins Wasser. Der Yukon frisst sich langsam durch die Landschaft. Doch was heißt hier langsam? Wir können dabei ja fast zusehen. Erosionsprozesse, die normalerweise Jahre oder Jahrhunderte brauchen, lassen sich hier in wenigen Minuten beobachten.

Da wir gestern wieder einmal noch spät auf dem Fluss waren, geht der Wecker heute morgen erst um acht. Da es nachts nicht mehr richtig dunkel wird, fehlt uns abends der natürliche Impuls, zu einer bestimmten Uhrzeit nach einem Lagerplatz Ausschau zu halten. Zum Frühstück gibt es Rührei mit kleinen Salamistücken und frisches Brot. Es ist windstill und schon wieder richtig heiß, als wir loskommen.

Die Moskitos waren bislang nie wieder so schlimm, wie am Slaven's Roadhouse. Spätestens, wenn man auf dem Wasser ist, ist man sie los. Sie mögen offensichtlich nicht gerne über große Wasserflächen fliegen. Aber nun tauchen neue Plagegeister auf. Drei oder vier Bremsen brummen ständig um uns herum. Eine sticht mich in den Fuß, der sofort anschwillt. Ich halte ihn in das kalte Flusswasser, eine bessere Kühlung gibt es nicht. Ich reagiere allergisch auf Bremsenstiche, allerdings wird der Fuß nicht so dick, wie ich es von früher her kenne. Von nun an werden die Bremsen gejagt und nach Möglichkeit mit dem Paddel im Fluss versenkt. Die Fische freuen sich sicherlich über die leichte Beute.

Fische können wir übrigens keine sehen. Das Wasser ist nach wie vor so sedimenthaltig, wie vor Tagen, als der White River zugeflossen ist. Inzwischen habe ich auch die Hoffnung aufgegeben, dass sich daran noch etwas ändert. Dafür begleitet uns aber seitdem ein Geräusch, das ich lange nicht zuordnen konnte: ein feines Rauschen. Als ich es zuerst hörte, dachte ich, Gas strömt aus. Hastig kontrollierten wir Kocher und Gaskartuschen. Es war alles in Ordnung, doch das Geräusch blieb.

Irgendwann machte es dann „klick": „Du, ich hab's - das ist das Wasser, das unter unserem Bootsrumpf fließt. Oder genauer, die Sandkörner, die vom Wasser dagegen geschleudert werden."

Und richtig, beim Stopp in einem ruhigen Kehrwasser ist das Geräusch verschwunden, nach der Einfahrt in die Strömung kehrt es sofort wieder zurück.

Nach vier Stunden machen wir eine ausführliche Mittags- und Kaffeepause. „Schaffen wir es heute bis Fort Yukon?", fragt mich Simone, als ich zum wiederholten Male einen Blick auf die Karte werfe. „Wir haben gerade den unteren Kartenrand erreicht. Jetzt wissen wir wieder, wo wir sind." Diese Leere ohne Karte hatte mir erst ein wenig Angst gemacht. Doch schon nach wenigen Stunden hatte ich mich daran gewöhnt. Aber für die Flats, die hinter Fort Yukon zu ihrer vollen Breite heranwachsen werden, sind eine Karte und ein GPS sinnvoll. Nebenarme können sich immer weiter aufspalten und irgendwann sitzt man auf dem Trockenen, sodass es wichtig ist zu wissen, welchem der Hauptarme man folgen kann.

„In ein paar Stunden müssten wir da sein. Aber übernachten wollen wir dort nicht, oder?"

„Nein, auf keinen Fall!"

Überall wurden wir vor Fort Yukon gewarnt. Alkohol soll dort ein Riesenproblem sein - mit all seinen Folgen.

Gegen 17 Uhr legen wir eine weitere Pause ein. Es ist inzwischen so heiß, dass wir alle paar Minuten unser Käppi ins Wasser halten und nass wieder aufsetzen. Etwas später liegen wir auf dem kleinen Kiesstrand einer der Inseln. Durch die aufgespannten Regenschirme können wir wenigstens unsere Köpfe in den Schatten legen. Irgendwann im Laufe des Tages haben wir tatsächlich den Polarkreis überquert - und erleben gleichzeitig den heißesten Tag unserer Tour. Wie wir später erfahren sollen, beträgt die Temperatur an diesem Tag tatsächlich unglaubliche 36 Grad im Schatten. Aber Schatten gibt es hier natürlich kaum. Auch als wir um 23 Uhr in unser Zelt kriechen, ist es immer noch sehr warm.

Nach einer guten halben Stunde kommen die ersten Häuser von Fort Yukon ins Bild. Im Gegensatz zu Eagle oder Circle stehen sie sehr weit auseinander. Ein Ortszentrum ist nicht auszumachen. Wir binden das Kanu fest, und ich will erst einmal losgehen, um herauszufinden, wo sich ein Laden und eine Bank befinden. Auf der Straße ist erst niemand zu sehen, dann taucht ein Jugendlicher mit einem Quad auf. Eine leichte Alkoholfahne weht mir entgegen. Er will mich zum einzigen Laden im Ort bringen. Mit Schwimmweste, aber dafür ohne Helm schwinge ich mich zu ihm aufs Fahrzeug. Die Schwimmweste ist mir in den letzten Wochen so vertraut geworden, dass sie einfach zu mir gehört. Ich vergesse einfach, sie auszuziehen. Ohne sie fühle ich mich fast ein wenig nackt.

Mit hohem Tempo geht es zur Hauptstraße. Wenig später erreichen wir den Supermarkt. Vor dem Gebäude hängen einige Gestalten mit glasigem Blick herum. Ansonsten ist alles friedlich. Eine Bank gibt es leider nicht. Ohne Bargeld kein Einkauf. Also zurück zum Kanu. Simone muss mit ihren Reisechecks bezahlen. Der Fahrer hat vor dem Geschäft auf mich gewartet. Vermutlich hat er sonst auch nicht viel zu tun. Er setzt mich wieder an der Kreuzung ab, an der er mich vor ein paar Minuten aufgegabelt hat. Erst jetzt sieht er das Kanu und begreift, wie wir hierhergekommen sind. Er macht große Augen und sagt etwas, aber seine Aussprache ist so undeutlich, dass ich ihn kaum verstehen kann. Dann holt er ein dickes Bündel Dollarnoten aus der Tasche und zählt gedankenversunken, während ich zurück zum Kanu gehe.

Wir haben hier mehr oder weniger an einem privaten Grundstück angehalten. Inzwischen ist der Besitzer aufgetaucht. Er bietet an, ein Auge auf unser Kanu zu werfen, damit wir zusammen einkaufen gehen können. Und wir sollen vorsichtig sein, sagt er noch. Schon wieder eine Warnung. Was hier wohl normalerweise los ist? Bisher machte der Ort einen recht ruhigen Eindruck auf mich.

Ein kleines Glas Erdnussbutter kostet sechs Dollar, eine Dose Cola drei Dollar. Aber das muss einfach mal sein. Jetzt macht es sich bemerkbar, dass alles eingeflogen werden muss. Es gibt zwar Straßen im Ort, auch eine Tankstelle. Aber es gibt keine Straßenverbindung zu einem der Nachbardörfer. Die Straßen enden entweder am Yukon, hinter den letzten Häusern im Wald oder am Sumpf.

Das warme, trockene Wetter hält an. Einmal bauen sich zwar Gewitterwolken am Horizont auf, sie regnen aber anderswo ab. Aber das schöne Wetter hat auch Nachteile. Die Luft riecht verbrannt. Ein paar Stunden später sehen wir Rauchfahnen am Himmel - wahrscheinlich ein Waldbrand. Wir können nicht abschätzen, wie weit er von uns entfernt ist. Dennoch könnte es schnell gefährlich werden. Wir können zwar in der Regel bestimmen, auf welcher Seite des Flusses wir paddeln wollen, bei kräftigem Wind oder Strömung aber vielleicht nicht mehr. Starker Rauch könnte uns zudem die Sicht nehmen - und den Sauerstoff zum Atmen.

Eine zweite Bremse sticht mich in den gleichen Fuß, der nun doch ziemlich anschwillt. Zum Glück habe ich Antibiotika dabei. Lange Hose und Gummistiefel sind aber der beste Schutz. Zum Glück ist es heute nicht so heiß wie in den letzten Tagen.

Trotz regelmäßiger Messungen mit dem GPS fällt es mir recht schwer, unsere Position zu bestimmen. Unsere Landkarten im Maßstab 1:250.000 sind gut - nur leider etwas veraltet. Wir haben zwar die aktuellste Ausgabe, aber die ist von 1954! Und wenn man sieht, wie der Fluss hier an den Ufern nagt, dann kann man sich gar nicht vorstellen, wie sich die Landschaft in mehr als 50 Jahren verändert haben muss. Vermutlich sind in der Zeit viele Inseln neu entstanden, andere wieder mit dem Land verwachsen. Fliegt man mit dem Flugzeug über dieses Gebiet, mag das unerheblich sein. Aber hier unten, aus dem Kanu heraus, erscheint uns die Gegend wie ein riesiges Labyrinth. Lediglich die leichte Strömung sorgt dafür, dass wir nicht im Kreis fahren. Oft wissen wir gar nicht, ob das Land neben oder vor uns Festland oder eine Insel ist. Nicht, das es wirklich von Bedeutung wäre, aber es verursacht ein komisches Gefühl.

Als unser Wasserweg sich wieder einmal teilt und deutlich schmaler wird, muss ich kleinlaut zugeben: „Ich glaube, wir haben uns verfahren. Das sieht nicht mehr nach der Hauptströmung aus."

„So? Und nun?", kommt es vom Bug zurück. Tja. Wir könnten hier zwar gegen die Strömung paddeln - aber wie weit sollten wir wieder zurückfahren? Ich kann mich an keine Abzweigung erinnern, an der wir hätten abbiegen müssen. Darum sind auch hier früher so viele Menschen umgekommen, schießt es mir durch den Kopf. Damals, als die Menschen noch mit Kanus unterwegs waren ...

Also paddeln wir weiter. Das Ganze sieht aus wie ein künstlicher Kanal. Er ist vielleicht 50 Meter breit, das hat sich schon seit zwei Stunden nicht verändert. Etwa zwei Meter oberhalb der Grasnarbe beginnt sowohl am rechten als auch am linken Ufer der Wald. Da der Kanal sich in langen Kurven windet, reicht unser Blick immer nur etwa einen halben Kilometer voraus. Der Blick zurück zeigt das gleiche Bild. Das Gefühl für Zeit und Geschwindigkeit geht völlig verloren.

Nach dem Abendessen nehme ich wieder eine Peilung vor. Jetzt sind wir weit genug vom Hauptstrom entfernt, sodass ich unsere Position bestimmen kann. Morgen Mittag werden wir wohl wieder auf den Hauptstrom treffen. Einige Kilometer Umweg hat uns das Falschfahren gekostet.

9. In der Wüste

Erschöpft liegen wir auf unseren Isomatten. Die letzte Stunde hatte es in sich. Gegen Mittag erreichten wir tatsächlich wieder den Hauptstrom. Genau in diesem Moment frischte der Wind kräftig auf. Wie aus dem Nichts trugen die Wellen plötzlich Schaumkronen. Wir wollten ans Ufer, doch es war zu steil. Zu allem Übel mussten wir noch einen weiteren Nebenarm queren, der von links kam. Die ersten Wellen klatschten über den Bug ins Boot. Noch an einer seichten Stelle vorbei, dann erreichten wir eine schmale Sandbank. Wir zogen das Kanu hoch hinauf und vertäuten es. Die etwa drei Meter hohe, dicht hinter uns aufragende Steilküste gibt uns Windschutz. Die Arme schmerzten vor Anstrengung.

So einen Wind hatten wir noch nicht erlebt und ich muss zugeben, dass ich richtig Angst hatte. Was sind schon Bären oder die Five Finger Rapids - das hier war gerade gefährlich. Die Wellen türmten sich durch den Wind auf und kamen immer von der Seite, genau wie es nicht sein soll, und das Kanu ließ sich nicht mehr lenken. Wir mussten alles geben, um überhaupt voranzukommen und nicht rückwärtszufahren oder abzutreiben. Ich sah schon gar nicht mehr zum viel zu weit entfernten Ufer hin, weil mir sonst sofort der Gedanke kam: „Das schaffen wir nicht" - und mit diesem Gedanken nimmt auch die Kraft ab. Also untersagte ich mir das Katastrophendenken und gab stattdessen einfach alles, was ich konnte. Aber ich kam mir hilflos vor und lange hätte ich das so nicht mehr durchgehalten.

Wir schafften es gerade eben ans Ufer. Das war wirklich knapp.

Völlig erledigt versank ich beim Aussteigen im Schlamm, die Gummistiefel saugten sich fest und ich kam nur schwer voran. Aber es half nichts, wir mussten ausladen und alles auf den trockenen Sand bringen. Und dort, im Sand, entdeckte ich Bärenspuren - ein paar große und daneben kleinere: eine Bärenmutter mit Nachwuchs. Hoffentlich kommen sie nicht wieder zurück. Eigentlich soll man einen Platz, an dem man Bärenspuren gesichtet hat, wieder verlassen, aber dazu sind wir einfach zu kaputt.

Auch nach zwei Stunden ist keine Besserung in Sicht. Wir bauen das Zelt auf und kochen erst einmal etwas. Gut, dass wir es bis hierhin geschafft haben. Wir bekommen fast keinen Wind ab und können gleichzeitig beobachten, wie Sandstürme am anderen Ufer entlangfegen. Obwohl die Sonne noch weit oben am Himmel steht, ist sie nicht zu sehen. Durch den Staub in der Luft sieht es aus, als wäre die Dämmerung hereingebrochen.

Wir glauben, dass wir diesmal den Rauch nicht nur riechen, sondern auch sehen können. Um Nuancen scheint der Himmel an einem Abschnitt dunkler zu sein, soweit man das durch den Staub in der Luft erkennen kann. Sollte der Wald in Windrichtung vor uns brennen, käme das Feuer direkt auf uns zu. Wir jedoch können weder vorwärts gegen den Wind, noch schnell genug gegen die Strömung zurückpaddeln. An eine Flucht auf dem Landweg ist gar nicht zu denken: Zum einen wissen wir wieder nicht, ob sich hinter uns wirklich Festland befindet oder nur ein Insel. Zum anderen wäre ein Feuersturm sowieso viel schneller, als wir laufen können. Wir sitzen in der Falle. Uns bleibt nur der Weg aufs Wasser. Mit einem leeren Kanu möglichst in die Flussmitte paddeln - das erscheint uns als der einzige, aber nicht erfreuliche Ausweg. Wir sprechen durch, was jeder zu tun hat, damit im Falle eines Falles nicht wertvolle Sekunden verloren gehen.

Wir haben keine Ahnung, wie groß die Gefahr wirklich ist. Vielleicht übertreiben wir auch völlig. Auf jeden Fall sind wir hundemüde und legen uns erst einmal schlafen. Um Mitternacht klingelt der Wecker zur Lagekontrolle. Ein kurzer Blick aus dem Zelt - die Situation ist unverändert. Unruhig schlafe ich wieder ein. Gegen fünf schrecke ich hoch. Erneute Kontrolle. Es ist schon wieder hell und der Wind bläst unvermindert stark.

Gegen zehn Uhr machen wir langsam Frühstück. Da wir ausreichend Zeit haben, nutzen wir sie, um endlich einmal die Proviantonnen auszuräumen und neu zu packen. Das eine oder andere Unerwartete findet man bei solchen Aktionen immer. Und auch diesmal fallen uns Schokoriegel in die Hände, die sich tief unten zwischen Zwiebeln und Kartoffelbrei versteckt hatten.

Gegen Mittag lässt der Wind nach und wir wollen uns auf den Weg machen. 24 Stunden hängen wir hier nun schon fest und langsam wird uns langweilig. Doch leichter gesagt, als getan: Die Wellen haben vor unserem Kanu eine Sandbank aufgeschoben. Hatten wir gestern direkt am Ufer festgemacht, liegt das Kanu jetzt auf dem Trockenen. Nur leider ist das, was wie Sand aussieht, eine Art Schlick. Wir sinken tief ein und der Bootsrumpf ist wie festgeklebt. Wir müssen das Boot erst einmal ins Wasser schieben und müssen es danach beladen. Bleiben wir länger als ein paar Sekunden an einer Stelle stehen, sinken auch wir langsam ein und nur, wenn wir uns ins Zeug legen, gibt der Untergrund unsere Füße mit einem lauten Schmatzen wieder frei. Erst Simones Idee, dicke Äste unter das Boot zu legen und es darauf wie bei einem Stapellauf zu schieben, vereinfacht das Ganze ein wenig. Auch wir balancieren nun mit den Gepäckstücken von Ast zu Ast zum Kanu.

Der Wind weht mäßig, aber natürlich genau von vorne. Die Staubfahne auf der anderen Seite des Flusses ist verschwunden und auch sonst ist die Sicht wieder klar. Nur die Rauchwolke vom Waldbrand steht nach wie vor am Horizont. War das Feuer gestern auf der anderen Flussseite, scheint es jetzt links von uns zu sein. Der Yukon macht mal wieder eine weite Rechtskurve und langsam dämmert mir, dass das Feuer gar nicht auf der anderen Flussseite war, sondern auf unserer ...

„Du muss mehr rechts paddeln!" Simone reißt mich aus meinen Gedanken. Wir wollen auf die rechte Seite und ich muss das Boot mehr in Richtung Ufer lenken, sonst dauert die Überquerung zu lange. Die ersten Wellen schwappen schon wieder ins Boot, aber alles geht glatt. Gegen 18 Uhr machen wir eine Pause, dann brauchen wir noch zwei Stunden bis nach Beaver. Der kleine Ort zählt 70 Einwohner und liegt auf einer kleinen Erhebung. Die Holzgebäude sehen ärmlich aus, sind aber nicht ungepflegt. Unser Ziel ist die Washeteria, wo wir uns den Staub der letzten Tage vom Körper spülen und auch gleich die Gelegenheit nutzen wollen, Wäsche zu waschen. Es gibt sogar Badewannen hier in den Waschräumen, was mich sehr überrascht.

Ein Paar kommt vorbei und macht sauber. Sehr gesprächig sind sie leider nicht. Drei, vier Leute treffen wir noch auf der Straße, alle Mitglieder der „First Nation", wie die Ureinwohner hier genannt werden.

Als wir ablegen, steht die Sonne knapp über den Horizont. Über den gesamten Himmel spannt sich ein Regenbogen. Wir müssen natürlich gleich wieder anlegen, damit ich fotografieren kann. Vom Kanu aus zu fotografieren hat sich als sehr schwierig erwiesen. Zum einen wackelt es doch recht stark, zum anderen dreht die Strömung das Kanu nur selten in die gewünschte Richtung. Wann immer es geht, legen wir also zum Fotografieren an, was auf die Dauer natürlich viel Zeit kostet.

Wieder einmal kommt ein Vogel zielstrebig auf unser kleines Boot zugeflogen. Diesmal ist es jedoch keine Möwe, sondern eine Küstenseeschwalbe. Sie bleibt etwa zwei Meter halbrechts über mir in der Luft stehen, legt ihren Kopf schief und schaut mir in die Augen. Dann fliegt sie drei Meter weiter nach vorne und kontrolliert auch Simone mit einem prüfenden Blick.

Eine ganz andere Begegnung haben wir am nächsten Tag. Ein kleines Motorboot kommt uns entgegen. Als die Gruppe uns entdeckt, halten sie auf uns zu und stoppen die Maschine. Es kommt natürlich zu dem üblichen Frage- und Antwortspiel nach dem woher und wohin. Unsere Antworten - Whitehorse und Bering Sea - werden mit einem anerkennenden Kopfnicken quittiert. Dann klicken die Kameras - aber nicht unsere. Zur Abwechslung werden wir einmal fotografiert, nicht anders herum. Denn hier sind wir die Exoten, nicht die anderen.

Mir fällt auf, dass wir zum ersten Mal wirklich ausgesprochen haben, dass wir bis zum Pazifik wollen. Anfangs galt Dawson City offiziell als Ziel. Dann hieß es immer: „Mal sehen, wie weit wir es schaffen." Jetzt haben wir uns eingestanden, dass die Latte höher gelegt wurde. Bis zum Meer ist es nämlich noch ein weiter Weg. Gerade einmal drei Wochen sind wir nun unterwegs und das waren, was die äußeren Bedingungen angeht, mit Sicherheit die einfachsten Wochen der Tour. Die allerdings haben wir gut gemeistert, wie wir beide feststellen. Außer etwas Rückenschmerzen und dem geschwollenem Fuß habe ich keine Beschwerden. Nicht einmal Muskelkater, was mich sehr verwundert. Wir sind bisher nicht gekentert und die Verluste beschränken sich auf einen Objektivdeckel der Filmkamera.

Ich bin erstaunt, wie fit ich mich fühle. Normalerweise habe ich sehr oft Kopfschmerzen und Migräne, außerdem Rückenprobleme. Anfangs taten mir ja auch die Schultern und Arme weh und ich fürchtete mich vor der ersten Migräneattacke. Heute ist es soweit, doch nun sind wir schon so lange unterwegs und es solle bei diesem einen Tag bleiben. Der tägliche Paddelschlag scheint die Geheimwaffe zu sein. Wir machen Witze, dass Kanufahren ein neues Behandlungsmodell bei Migränepatienten und Rückengeplagten werden wird. Wir müssen nur noch die Krankenkassen davon überzeugen. Aber ernsthaft überlege ich, ob ich mir vielleicht ein Rudergerät für das Wohnzimmer zulegen sollte.

Nach wie vor habe ich Probleme, die Dimensionen der Landschaft auf die Karte zu übertragen. Sind wir schon am Whirlpool Slough vorbei oder kommt der noch? Dort soll es gefährliche Strudel geben, wurde uns gesagt. Auch die Messung mit dem GPS ist wieder einmal nicht eindeutig.

Eine Stunde später klärt sich die Frage - wir waren schon daran vorbei. Bewusst biegen wir in einen kleinen Seitenkanal ab. Das ist zwar ein Umweg, aber ich hoffe, dass wir hier weniger Wellen haben und etwas besser vorm Wind geschützt sein werden. Wirklich klein ist der tatsächlich etwas künstlich aussehende Nebenfluss aber nicht: Inzwischen so breit wie der gesamte Yukon vor einer Woche.

Wie breit der Fluss da bereits war, habe ich festgestellt, als wir wieder einmal eine Elchkuh und ihr Junges beobachteten. Trotz meines 500-Millimeter-Objektivs gelang mir kein Bild, auf dem die Tiere einigermaßen gut zu erkennen waren. Die Entfernung war tatsächlich zu groß.

Da wir mit dem Seitenkanal gute Erfahrungen machen, wollen wir es gleich noch einmal ausprobieren. Der nächste Kanal ist sogar eine Abkürzung - nur liegt er leider auf der anderen Seite. Das Boot schaukelt ziemlich bei der Überquerung des Hauptstroms und einige Wellen schwappen vorne hinein.

„Alles klar?", rufe ich.

„Ja, nur etwas nass!", antwortet Simone. „Vor zwei Wochen hätten wir uns das nie und nimmer zugetraut!"

Für die etwa zwei Kilometer, so breit ist der Strom inzwischen, brauchen wir rund 20 Minuten. Gleichzeitig werden wir durch die Strömung zwei Kilometer abgetrieben. Solche Manöver müssen also früh genug begonnen werden. Vor einer Insel kriegen wir gerade noch die Kurve und können in den Kanal einfahren. Gegen 22 Uhr steuern wir einen Lagerplatz an. Auch hier gibt es Bärenspuren. Hat Simone sie nicht entdeckt oder macht es ihr inzwischen nichts mehr aus? Anderseits sind die schmalen Stellen am Ufer natürlich die bequemsten Wege - und das gilt eben auch für die Tiere. Wie üblich liegen in der Nacht Taschenalarm und Bärenspray neben dem Kopfkissen bereit.

Der Wind hat über Nacht nicht wirklich nachgelassen. Die ersten Kilometer quälen wir uns, dann sind wir nach einer Kurve im Windschatten.

„Da vorne ist Rauch!"

„Aber die Rauchwolke sehen wir doch schon seit Tagen", entgegne ich.

„Nein, da vorne am Waldrand!"

Tatsächlich! Das, was ich für helles Gestrüpp gehalten hatte, entpuppt sich als der feine Rauch eines Lagerfeuers. Als wir näherkommen können wir auch zwei Gestalten ausmachen. Sie tragen olivgrüne Kleidung und dazu Hüte in schrillem Orange. Zwischen Kleidung und Hut kann ich jedoch keine Gesichter sehen. Ein Kanu oder ein Motorboot können wir ebenfalls nicht entdecken. Wie sind sie hierher gekommen? Sind es Jäger? Oder vielleicht entflohene Sträflinge?

„Sollen wir anhalten und fragen, ob alles okay ist?"

„Eigentlich schon, aber ..." Ich lasse den Satz unvollendet. Wieso haben sie keine Gesichter? Meine Nackenhaare stellen sich auf. Was ist, wenn die beiden auf vorbeifahrende Kanuten warten? (Das sie dann über kurz oder lang verhungern würden, kommt mir dabei nicht in den Sinn). Niemand weiß, wo exakt wir uns aufhalten. Der Wald ist dicht, es gibt unzählige Inseln. Niemand würde uns hier finden. Außer unserem Kanu und der Fotoausrüstung haben wir allerdings nichts Wertvolles bei uns. Ich habe 11 Dollar im Portemonnaie, Simone etwa 20. Mit Reiseschecks und Kreditkarten können sie hier wohl kaum etwas anfangen.

In der Wüste hilft jeder jedem. Bei meinen Saharadurchquerungen habe ich immer wieder erlebt, das Menschen füreinander da sind, wenn es nur entsprechend einsam ist. Aber dieses „Gesetz" gilt wohl quer über alle Kontinente.

„Lass uns langsam am Ufer entlangfahren und gucken, was sie machen", schlage ich vor. Inzwischen sind wir nähergekommen und einer von ihnen steht auf einem Stein und winkt. Jetzt sehe ich auch, warum ich vorhin keine Gesichter erkennen konnte: Der wild wuchernde Bart verdeckte fast sein gesamtes Gesicht. Er ruft uns zu, wir sollten doch mal kurz anhalten, er wolle uns eine „Message" mitgeben. Wir halten an, bleiben aber im Boot sitzen. „Dan", stellt sich der eine vor. Offenbar sind die beiden doch harmlos. Langsam entspanne ich mich wieder. Er und sein Freund Dave sind um die 60 und vor fünf Wochen in Circle gestartet. Eigentlich wollten sie schon vor zwei Wochen an der Brücke am Dalton Highway sein. Da sie sich nun etwas verspäten würden (Er sagt tatsächlich: „We're a bit late ..."), möchte er uns die Telefonnummer seines Cousins mitgeben. Ob wir vielleicht dort anrufen und ihm sagen würden, das alles okay sei?

Das machen wir natürlich gerne. Was die beiden aber hier am Fluss machen und warum sie so lange gebraucht haben, will er uns nicht verraten. Fischer wären sie nicht, sagt er nur. Aber vielleicht genießen sie einfach die Natur dieses kurzen Sommers.

Eine Stunde später kommen wir aus dem Windschatten wieder heraus und die Böen treffen uns mit voller Wucht. Unser Krafteinsatz plus Strömung abzüglich Gegenwind ergibt genau Null. Wir brauchen nicht wirklich lange, um diese mathematische Gleichung aufzustellen und zu verstehen. Da wir also genauso schnell vorankommen, wenn wir vom Ufer aus aufs Wasser schauen, legen wir an und kochen. Als dann die ersten Regenwolken heranziehen, bauen wir das Zelt auf. Es gelingt uns tatsächlich, trotz der frühen Uhrzeit ein paar Stunden zu schlafen. So merken wir erst, wie erschöpft wir sind.

Gegen halb zehn hat der Wind nachgelassen. Wir essen noch etwas, beobachten dabei das Wetter. Ist es nur eine kurze Unterbrechung oder von Dauer? Wir entscheiden, dass es sich lohnen könnte, wieder aufzubrechen.

Wir bauen das Lager ab, packen alles ins Boot und sind wieder auf dem Wasser. Es war die richtige Entscheidung: Wir kommen gut voran.

Mitternacht ist längst vorüber. Zwischen eins und zwei wird es dunkler, aber kurz darauf ist es schon wieder so hell, dass man ohne Weiteres draußen lesen könnte. Ohne das Rauschen des Windes in den Bäumen umgibt uns eine gespenstige Stille. Auch die Vögel schlafen. Nur das leise Plätschern vom Eintauchen der Paddel dringt an mein Ohr. Sanft wiegt sich das Kanu im Rhythmus der Wellen. Für ein paar Stunden sind wir eins mit der Natur, die sich vor zwei, drei Tagen noch gegen uns gestellt hat.

Nach etwa fünf Stunden Fahrt frage ich Simone, ob wir langsam nach einem Platz für die „Nacht" suchen sollen.

„Wie spät ist es denn?" kommt als Gegenfrage.

„Kurz nach drei."

„Was? Das glaube ich nicht!" Völlig überrascht dreht sie sich zu mir um. „Kann auch nichts dafür", murmle ich und bin heilfroh, dass sie bei dieser Nachtaktion mitgezogen hat. Kurze Zeit später finden wir eine Zeltmöglichkeit und fallen in einen tiefen Schlaf.

Das ruhige Wetter nutzen wir wieder zum Überqueren des Flusses. In langen Schlaufen zieht der Yukon sich in Richtung Stevens Village hin. Die Kurven scheinen endlos zu sein. Tatsächlich sind sie etwa fünf Kilometer lang. Wir paddeln ungefähr eine Stunde bis wir aus einer Kurve wieder auf eine Gerade oder eine Gegenkurve kommen. Wäre es nebelig, würden wir vermutlich gar nicht merken, dass wir uns überhaupt in einer Kurve befinden.

Am späten Nachmittag erreichen wir den Ort. Rund 50 Einwohner zählt er, wirkt deutlich gepflegter als Beaver. Die neueren Gebäude stehen auf Pfählen, damit sie nicht bei auftauendem Boden einsinken. Neben einer großen Washeteria soll es hier sogar ein Laden geben. Wir fragen ein junges Paar mit Kinderwagen nach dem Weg. Als ich mir später noch einmal die Szene in Gedanken rufe, fällt mir auf, wie skurril das eigentlich war: Zwei Indianer schieben einen Kinderwagen durch die Wildnis Alaskas.

Die Washeteria hier ist super, sehr groß und sauber. Die letzte war innen völlig verrostet und nicht zu benutzen. Zum Glück haben wir noch ausreichend Quarter für die Dusche. Endlich wieder die Haare waschen! Durch die trockene Luft brauchen sie aber nicht so oft wie zu Hause gewaschen werden, das ist ein echter Vorteil. Trotz unregelmäßiger Waschmöglichkeiten sehen wir eigentlich immer vorzeigbar aus.

In der Washeteria gibt es einen großen Spiegel. Ich habe mich schon lange nicht mehr im Großformat gesehen und erschrecke mich: Mein Gott, ich bin ja völlig abgemagert, das sieht nicht gut aus, ich muss unbedingt mehr essen. Es ist unglaublich, wie schnell man durch das Paddeln abnimmt. Fett muss her, Peanutbutter und Snickers. Ich hab ja schon immer davon geträumt, soviel essen zu können, wie ich möchte, ohne dabei zuzunehmen. Jetzt geht der Traum in Erfüllung.

Unsere Wäsche hänge ich unten am „Strand" zwischen dünnen Bäumen und Treibholz auf. Durch den Wind wird sie sehr schnell trocknen. Ich habe immer ein Auge darauf, dass sie nicht von der Leine in den Fluss fliegt. Wir müssen noch einkaufen, der Magen knurrt schon mächtig und Matthias bekommt schlechte Laune. Zum x-ten mal werde ich nachher ein Feuer entzünden, inzwischen gelingt mir das auf Anhieb. Es macht Spaß, auch wenn es seine Zeit dauert, bis endlich das Wasser kocht und das Essen zubereitet ist. Überhaupt ist es toll, sich einfach in der Natur ausbreiten zu können, ohne jemanden um Erlaubnis fragen zu müssen. Hier habe ich das Gefühl, frei zu sein. Und so ist es ja auch. Zu Hause tauschen wir wieder Komfort gegen Freiheit ein. Ich beneide die Leute hier ein wenig und träume manchmal von einem Leben in der Wildnis. Slaven's Roadhouse müsste einem gehören!

Wir gehen unter einer tief hängenden Wäscheleine hindurch und über einen kurz gemähten Rasen zu einem normalen Wohnhaus. Ein paar Stufen hinauf und wir stehen vor der weit geöffneten Wohnungstür. Ein Junge, der im Garten spielt, ruft uns zu, wir sollen ruhig hineingehen. Einen Flur gibt es nicht und so stehen wir sofort in der Küche, in der eine Frau am Herd kocht. Sie ist nicht so überrascht darüber, dass plötzlich zwei Fremde in ihrem Haus stehen, wie ich es eigentlich erwartet hatte. Wir gehen mit ihr durchs Esszimmer, dann ins Wohnzimmer, in dem der Fernseher läuft, ohne das jemand da ist. Dann stehen wir im „Shop", der mehr einer kleinen Abstellkammer ähnelt. Neben einigen Regalen stehen noch ein paar Kartons, Konservendosen und ein Gewehr. Das Angebot beschränkt sich auf Süßigkeiten, Milch,

Zigaretten, Müsli, Kaffee, Tütensuppen, Reis und natürlich Softdrinks, auf die wir auch zuerst hingewiesen werden. Obst und Gemüse gibt es nicht. Wir wollten jedoch in erster Linie Brot kaufen. Kurzerhand holt die Frau ein Brot aus ihrem riesigen Eisschrank.

„Gibt es hier auch ein Telefon?" frage ich sie.

„Ja, natürlich. Wir haben ein Telefon."

„Nein, nein", sage ich lachend. „Ich meine ein öffentliches Telefon im Ort."

„Nein", antwortet sie. „Aber wenn du eine calling card hast, kannst du gerne unser Telefon benutzen." Mit diesen Prepaid-Telefonkarten ruft man kostenlos eine bestimmte Nummer an und kann dann auch international für nur wenige Cent pro Minute telefonieren. Glücklicherweise habe ich mir in Dawson noch eine Karte gekauft.

Eigentlich ist dies ein sogenanntes trockenes Dorf. Die Bewohner haben sich irgendwann einmal gegen Alkohol entschieden, und so darf hier weder Alkohol verkauft noch von außerhalb mitgebracht werden. Positiv anzumerken ist natürlich, dass die Dorfbewohner erkannt haben, dass der Alkohol die Leute kaputt macht. Nur scheint niemand das Ganze zu kontrollieren. Ihr Mann schaute vorhin kurz herein und ich konnte sehen, wie sie ihm eine Flasche Jim Beam zusteckte. Jetzt kommt gerade ihr etwa 18 Jahre alter Sohn mit einem Freund nach Hause. Beide können kaum noch stehen.

Ich glaube ein großes Problem der Menschen hier oben ist die viele freie Zeit - und die daraus resultierende Langeweile. Noch vor zwei Generationen waren die Indianer und Inuit das ganze Jahr über mit der Nahrungssuche und der Zubereitung beschäftigt: Vom Kräutersammeln, über den Fischfang, die Jagd und das Sammeln von Beeren im Herbst. Im Winter wurden Fallen gestellt. Heute ist das alles nicht mehr nötig. Der Scheck von der Wohlfahrt kommt pünktlich.

Gerne würde ich sie darauf ansprechen, traue mich aber nicht. Stattdessen frage ich, ob sie das ganze Jahr hier verbringen. Als sie bejaht, will ich wissen, was sie denn im Winter machen.

„Holzhacken!", antwortet sie grinsend. „Wir haben nicht viel Schnee, aber die Temperatur kann im Winter bis auf unter minus fünfzig Grad fallen. Da brauchst Du eine Menge Feuerholz, wenn Du überleben willst. Letztes Jahr kam mein ältester Sohn, der auf dem College in Fairbanks ist, über die

Weihnachtsferien zu Besuch. Er musste fast zwei Monate bleiben. Es gab einen Kälteeinbruch und bei den tiefen Temperaturen hat man keine Möglichkeit, den Ort wieder zu verlassen."

Dann fällt mein Blick noch auf eine Foto in der Glasvitrine. Eine alte Frau ist dort mit einem Maschinengewehr in der Hand zu sehen. Angeblich wollten skrupellose Landaufkäufer ihr das Land wegnehmen und sie hat sich nur verteidigt, erzählt man mir. Wie eine 96-Jährige aber zu einem Maschinengewehr kommt, erfahre ich nicht.

Um ein paar Kilometer zu sparen müssen wir hinter der ersten Insel nach Steven's Village hart links paddeln. Doch ich mache eine Fehler. Statt im Schatten der Insel zu bleiben und erst im letzten Moment zu queren, steuere ich zu früh auf den offenen Fluss hinaus. Ich nehme Kurs auf die Spitze einer Landzunge, an der wir links vorbei müssen, um nicht in den Kanal geschoben zu werden. Doch es klappt nicht. Als ich mich nach einer halben Stunde umdrehe, sind die Häuser des Dorfes noch immer nah. Wir mobilisieren alle Kräfte, doch es reicht nicht. Entnervt und wütend gebe ich auf und lasse das Kanu an Land treiben. Wir treideln am Ufer entlang bis zur verpassten Landspitze zurück. Es ist nicht wirklich ein Problem, aber ich bin unzufrieden und frage mich, ob ich in den letzten Wochen auf dem Fluss nichts gelernt habe.

Den ersten Berg, der das Ende der Yukon Flats ankündigt, haben wir bereits vor einigen Tagen gesichtet. Jetzt ist es endlich so weit. Der Fluss wird wieder schmaler, die Strömung nimmt merklich zu. Wahrscheinlich war das auch der Grund dafür, dass mein Manöver misslungen ist. Kurz nach Mitternacht erreichen wir den ersten Ausläufer des Berges. Wir sind froh, die Flats endlich hinter uns zu lassen und bauen unser Zelt auf einer sandigen Fläche auf - ein Fehler, wie sich am nächsten Morgen herausstellen wird.

10. Die Brücke

Es ist wenig Platz am Ufer und so steht das Zelt etwas schräg. Aber wir schlafen dennoch gut. Als wir aufwachen, weht starker Wind. Aber da die Sonne schon wieder sehr hoch steht, ist es richtig heiß im Zelt. Ich öffne den Reißverschluss ein wenig. Es dauert nicht lange und der feine Sand hängt in jeder

Ritze des Zeltes. Schlecht gelaunt stehen wir auf. Wären wir doch in der Nacht noch weiter gefahren. Es war zwar kühl, aber windstill. Der Yukon wird jetzt noch enger und der Wind kommt genau von vorne. Die Berge ragen steil neben uns auf, sodass wir jetzt fast wie durch einen Canyon müssen. Auch nach einer 90-Grad-Kurve ändern sich Windverhältnisse nicht. Wir paddeln etwa sechs Stunden mit kleinen Unterbrechungen. Es ist mühsam, wir schaffen höchstens drei Kilometer pro Stunde. Obwohl es nur eine Schale Müsli zum Frühstück gab, verspüre ich keinen Hunger.

Wir haben aber auch ein großes Ziel am heutigen Tag. Es ist zwar nur eine schnöde Straßenbrücke, aber wohl die wichtigste Landmarke der gesamten Tour: Die Brücke vom Dalton Highway. Es ist erst die zweite Brücke über den Yukon seit Whitehorse - aber auch die letzte. Gleichzeitig ist dies auch die letzte Straßenanbindung am Yukon. Alle anderen Orte flussabwärts lassen sich nur mit dem Boot oder Flugzeug erreichen. Und noch aus einem anderen Grund ist dies für uns ein wichtiger Meilenstein: Wir haben die Kilometermarke 1.500 überschritten und somit etwas mehr als die Hälfte der Strecke zurückgelegt. Allerdings gilt dies nur für die Entfernung - nicht für die Zeit. Unser Tempo auf der zweiten Hälfte wird deutlich langsamer sein. Aber das ist heute nicht wichtig. Wir wollen diesen wichtigen Etappensieg feiern.

Neben der Brücke befinden sich eine Tankstelle, ein einfaches Motel und ein Restaurant. Für zwölf Dollar bekommen wir Bratkartoffeln, Speck, Rührei und Kaffee bis zum Abwinken. Den Kaffee darf man sich sogar selbst immer wieder nachschenken. Das ist wohl das späteste Frühstück, dass ich je in meinem Leben zu mir genommen habe. Alles ist ein wenig schäbig, aber dafür haben wir jetzt keinen Blick. Das Essen ist super und wir genießen es schon, wieder einmal an einem richtigen Tisch zu sitzen. Wir haben zwar einen Campingtisch dabei und sitzen in der Regel zum Essen auf einem Baumstamm oder auf unseren Lebensmitteltonnen, aber das hier ist schon etwas anderes. Die Zimmer im Motel sind mit 199 Dollar pro Nacht extrem teuer. Die Gäste teilen sich auch noch den Waschraum mit den Restaurantbesuchern. Da ist doch unser Zelt auf einer namenlosen Insel in meinen Augen die deutlich bessere Wahl.

Um 21 Uhr schließt das Lokal. Wir schlendern hinüber zur Trans-Alaska Pipeline. Auch sie überquert hier parallel zur Brücke den Yukon. Die Pipeline beginnt am Nordpolarmeer und befördert das Öl über 1.285 Kilometer in den Süden Alaskas. Ziel ist der immer eisfreie Hafen von Valdez. Wegen des Permafrostbodens ist die Pipeline ebenfalls auf Pfählen errichtet. Dann beenden wir unseren kurzen Ausflug in die Zivilisation und stechen wieder in See.

Knapp fünf Stunden paddeln wir noch bei Windstille, bis wir einen Lagerplatz suchen. Offensichtlich ist das zurzeit die richtige Taktik - spät aufbrechen und möglichst lange durch die Nacht paddeln. Wir schaffen so mehr und sind längst nicht so erschöpft wie nach dem stundenlangen, zermürbenden Paddeln bei Gegenwind. Um Mitternacht herum wird es wieder für etwa zwei Stunden dämmerig. Aber selbst bei bedecktem Himmel bleibt es hell genug, um weiterzufahren.

Schon häufiger hatten wir sogenannte Fish Camps am Ufer gesehen. Eine oder mehrere Familien errichten ein paar Holzhütten und einen Räucherraum. Sie verbringen dann im Sommer mehrere Wochen hier und warten auf die Lachse, die jedes Jahr vom Pazifik aus über die Ströme Alaskas zu ihren Laichgründen schwimmen. Dabei kehrt jeder Lachs nach Jahren im Meer genau an den Platz seiner Geburt zurück. Wie die Fische das schaffen, ist immer noch nicht richtig erforscht. Aber seit es Menschen am Fluss gibt, machen sie sich dieses Wunder der Natur zunutze. Gefangen werden die Lachse hier meistens mit kleinen Netzen, die dicht am Ufer gespannt sind.

Da unser Lagerplatz nur kurz hinter einem dieser Fish Camps liegt, machen wir uns nach dem Frühstück auf, den Bewohnern einen Besuch abzustatten.

„Hoffentlich werden wir freundlich empfangen."

„Ach, warum nicht. Hoffentlich ist überhaupt jemand da. Vorhin habe ich gesehen, wie zwei Motorboote wegfahren sind."

„Die rechnen bestimmt nicht mit Besuchern. Aber ich möchte eine wichtige Frage klären."

Ich weiß, was sie meint. Deutlich konnten wir gestern Abend erkennen, dass vor dem Gebäude sicherlich hundert dünne Streifen Lachs zum Trocknen aufgehängt sind. Wir achten so sehr darauf, nicht nur keine Lebensmittel, sondern auch nichts, was irgendwie riechen könnte, nachts herumliegen zu lassen. Das Geschirr wird abgewaschen, egal wie erschöpft wir sind oder wie spät es abends auch wird. Wir haben gestern in dem Lokal auf Fotos gesehen, was ein Grizzly anrichten kann, wenn es ihm gelingt, in ein Haus einzudringen. Da bleibt kein Möbelstück heil - Chaos pur. Uns „schützen" ja nur zwei dünne Stoffbahnen. Und der Lachs, der dort vor der Hütte hängt, ist geradezu eine Einladung, wie ein Buffet für Bären. Aber ich glaube nicht, dass es sich um ein Versehen handelt. Die Menschen leben schließlich seit Generationen hier - wir wollen das Geheimnis lüften!

Wir paddeln ein Stück stromaufwärts, was uns mit leerem Kanu auch gut gelingt. Die restliche Strecke gehen wir zu Fuß. Uns empfängt ein ziemliches Durcheinander an Kisten, Tonnen, Netzen und Müll. Eine Frau sitzt am Ufer und nimmt Fisch aus. Sie begrüßt uns freundlich. Zwei Mädchen kommen angerannt. Alina und Cheryl sind elf und zwölf Jahre alt und haben viele Fragen an uns. Die wichtigste ist offensichtlich: „Was macht ihr, wenn euch die Lebensmittel ausgehen?" Sie können kaum glauben, dass es uns mit dem Kanu gelingt, alle paar Tage ein Dorf zu erreichen, unsere Vorräte aufzufüllen und im Boot zu verstauen. Und überhaupt, warum sind wir mit einem Kanu unterwegs? Alle, die hier leben, hätten schließlich Motorboote. Diese Frage ist die schwierigste von allen.

Dann können wir endlich unsere Frage loswerden. Ihre Mutter antwortet, dass sie keine Angst vor Bären haben. Die Hunde würden die schon rechtzeitig wittern und vertreiben. Außerdem gebe es hier schon seit einigen Jahren nur noch sehr wenige. Das erklärt dann vielleicht auch, warum wir noch immer keinen gesehen haben.

Die Mädchen zeigen uns das Smokehouse, in dem der Fisch geräuchert wird (📷 Seite 37). Hier hängen Hunderte weitere Streifen getrockneten Lachses, angeblich nur für den Eigenbedarf. Aber so viel? Vielleicht sagt die Frau das auch nur, weil sie für das kommerzielle Fischen eine Lizenz benötigen würde. Die ganzen Sommerferien verbringen sie hier und die Mädchen finden das „total cool". Ihr Vater kommt mit dem Motorboot zurück. Er hat die Netze kontrolliert und bringt den neuen Fang. Ich würde gerne ein Stück Lachs kaufen, da ich nicht glaube, dass wir mit unserer Angel jemals einen Lachs aus dem Yukon ziehen werden. Aber wir bekommen ein saftiges, fangfrisches und schon ausgenommenes Stück Fisch geschenkt.

Nach vier Stunden Vorfreude halten wir es nicht mehr länger aus und suchen einen Platz für die Mittagspause. Wie üblich besorge ich das Feuerholz, das wir jeden Tag in ausreichender Menge am Ufer finden. Simone übernimmt das Zubereiten, während ich ihr ein wenig helfe - aber in erster Linie filme. Es gibt Nudeln mit Lachsstreifen in Currysauce. Simone übertrifft sich selbst - ich kann mich nicht erinnern, jemals so leckeren Fisch gegessen zu haben. Der Lachs ist daran natürlich nicht ganz unschuldig. Er ist nicht auf irgendwelchen Fischfarmen aufgewachsen, sondern ungefähr vier Jahre im Pazifik herumgeschwommen und war bis vor ein paar Stunden noch quicklebendig.

Satt und mehr als zufrieden machen wir uns wieder auf den Weg - und dann sehen wir ihn! Gerade haben wir uns noch darüber unterhalten, dass es hier wohl überhaupt keine Bären mehr gibt, und jetzt das! Simone, die vorne sitzt, hat den Bären entdeckt. Doch der Schwarzbär hat auch uns gesehen und verschwindet mit leichten, schwungvollen Schritten im Unterholz. Wir paddeln in vielleicht 50 Metern Abstand an der Stelle vorbei, können ihn aber nicht entdecken. Als wir etwas weiter entfernt sind, kommt er wieder hervor und schaut uns interessiert nach.

Vor ein paar Tagen habe ich gelesen, dass in Alaska auf zehn Elche ein Bär kommt. Wir zählen einmal durch und stellen fest, das wir bisher tatsächlich genau zehn Elche gesehen haben. Rein statistisch gesehen, war es also Zeit für einen Bären.

Und das Glück bleibt uns treu. „Da drüben, da sitzt doch ein Luchs!", flüstert Simone aufgeregt.

Sie hat recht. Ganz ruhig sitzt das Tier am Ufer. Es ist gar nicht so weit weg, aber zum Fotografieren inzwischen leider zu dunkel.

Wieder ist es Simone, die den nächsten Bären entdeckt. Diesmal ist es ein Grizzly, ein junges Tier, dass am Ufer ein kurzes Bad nimmt. Sehr schade, dass wir mit dem Kanu auf dem Fluss nicht anhalten können. Viel zu schnell treibt uns die Strömung an ihm vorbei. Gerne hätten wir ihm länger dabei zugesehen. Ich entdecke wenig später noch zwei Weißkopfseeadler, die dicht am Ufer auf einem Baum schlafen. Was für eine Nacht ...

In der Nacht wache ich auf, weil ich eigenartige Geräusche höre. Es ist, als würde jemand unablässig um unser Zelt herumtrampeln, immer hin und her. Hört sich an wie ein Mensch in schweren Stiefeln - aber was macht der hier? Das Geräusch hört gar nicht auf. Mir ist etwas mulmig zumute, aber wütend werde ich auch, also mache ich das Zelt auf, um notfalls unsere Sachen zu verteidigen. Und wer steht da draußen? Unglaublich: ein großer Elchbulle mit beeindruckenden Schaufeln, direkt vor unserer „Haustür". Ich bin ganz aufgeregt und sage leise: „Matthias, da steht ein Hirsch vor unserer Tür!" Ich bin wohl doch noch nicht ganz wach, zumindest reicht es nicht, um Tiernamen richtig zuzuordnen. „Ich kann ohne Brille nichts sehen", sagt Matthias schlaftrunken und denkt gar nicht daran, wegen einem Hirsch nachts aufzustehen.

Was mache ich denn jetzt? Ich weiß es nicht, und so verharren der Elch und ich ganz still und beäugen uns gegenseitig. Wie schön er ist! Er wirkt nicht nervös, eher verwundert, und so werde auch ich immer ruhiger und genieße seine Anwesenheit. Erst als ich auf die Idee komme ein Foto zu machen, setzt er sich in Bewegung und stapft davon. So habe ich nur ein Beweisfoto von hinten, aber ich bin glücklich über den nächtlichen Besuch und ganz benommen.

Wasser von oben und Wasser von unten - wir erleben unseren ersten richtigen Regentag. Früh stoppen wir für die Mittagspause. Es gibt Reis mit Bohnen und Zwiebeln. In Regenhose, Regenjacke, Gummistiefeln und Käppi fahren wir bei den nächsten Regenschauern einfach weiter. Solange kein Gegenwind aufkommt, geht das auch ganz gut. Der Yukon wird noch schmaler und wieder schneller.

„Hörst du das?"

„Ja. Das müssen die Rapids sein."

Früher als erwartet tauchen die letzten Stromschnellen auf. Aber auch hier ist die Befahrung wieder einfacher, als das unheimliche Geräusch zunächst vermuten lässt. Bei dem nun doch schon deutlich gefallenen Wasserstand seit der Schneeschmelze gucken die großen, grauen Felsbrocken aus dem Wasser. Aber auf der rechten Seite ist viel Platz.

Nach Mitternacht stoppen wir kurz für das Abendessen: Käsebrote und heißer Kakao. Der Himmel ist bedeckt. Wolkenfetzen hängen zwischen Bergen. Ohne unsere kleine Bugwelle und das Plätschern beim Eintauchen des Paddels ist es mucksmäuschenstill. Das fahle blaue Licht lässt alles mystisch wirken. Gegen halb vier finden wir eine kleine Bucht zum Zelten. Bevor wir einschlafen, wird wie immer die Position auf der Karte bestimmt und wir rechnen die zurückgelegten Kilometer aus. Fast 60 sind es heute. Morgen Abend könnten wir in Tanana sein.

Der Tag beginnt so, wie der gestrige aufhört hat: mit leichtem Regen und dicken Wolken. Statt auf dem Feuer kochen wir heute das Kaffeewasser mit dem Gaskocher. Alles ist nass, auch das Feuerholz. Zum ersten Mal müssen wir Wasser aus dem Kanu schöpfen. Wir ziehen das Boot zwar immer an Land, haben jedoch bisher darauf verzichtet, es umzudrehen, weil das Kanu schwer ist und wir ein paar Kleinigkeiten bislang auch immer über Nacht im Boot gelassen haben.

Kürzere Regenschauer und trockene Perioden wechseln sich ab, sodass wir den Abbau des Zeltes immer wieder verschieben. Genau im falschen Moment, als wir gerade alles im Boot verstauen wollen, geht ein besonders kräftiger Schauer nieder.

Viel früher als erwartet erreichen wir den Ort Tanana, einen richtig „großen" Ort: Rund 300 Menschen leben hier. Wir legen dort an, wo die meisten Motorboote vor Anker liegen, klettern die Böschung hinauf und stehen im „Zentrum". Ein zweistöckiges Gebäude ist gleichzeitig Laden, Postamt und das Riverside Restaurant. Natürlich hat alles schon zu, es ist nach 22 Uhr. Wir gehen die First Avenue hinauf, die parallel zum Fluss verläuft. Endlich einmal wieder zu Fuß gehen …

500 Meter weiter finden wir eine schöne Grasfläche zum Zelten. Sie ist durch ein paar Büsche zur Straße abgeschirmt. Direkt gegenüber befindet sich das Altersheim des Ortes. So etwas gibt es inzwischen tatsächlich auch hier. Die alten Familienstrukturen mit ihren Großfamilien zerbrechen und die alten Menschen können sich irgendwann unter den harten klimatischen Bedingungen, die hier herrschen, nicht mehr alleine versorgen. Allerdings hat das Heim im Moment nur fünf Bewohner, wie mir die Nachtschwester erzählt. Ich habe im Aufenthaltsraum Licht gesehen und bin schnell hinüber gegangen, um ein paar Informationen zu bekommen. Leider hat sie keine guten Nachrichten für uns: Ein Internetcafé gibt es nicht, das Restaurant hat im Sommer geschlossen und die Washeteria um 22 Uhr zugemacht. Dienstags hat sie den ganzen Tag geschlossen. Morgen ist Dienstag …

Und doch soll sich alles zum Guten wenden, als wir am nächsten Morgen noch einmal im Altersheim vorbeigehen. Auf unsere Frage, ob es irgendwo im Ort einen Platz gibt, wo man frühstücken kann, werden wir aufgefordert, uns mit an den großen Tisch zu setzen. Kaffee gebe es zu jeder Zeit und vom Frühstück sei auch noch etwas übrig. In der Tageszeitung lesen wir von einem Unwetter in Fairbanks mit sintflutartigen Regenfällen. Auch Circle und Eagle hat es erwischt. Wir haben in den letzten Tagen wohl die Ausläufer zu spüren bekommen. Die Straße von Eagle nach Fairbanks ist stark beschädigt. Die Bewohner, die normalerweise vor dem Winter noch einmal nach Fairbanks zum Einkaufen fahren, befürchten, dass die Reperatur sehr lange dauern wird, und Lebensmittel, die per Flugzeug gebracht werden, sind für viele zu teuer. Auch dass ein Mann noch vermisst wird, steht in dem Artikel. Wochen später werden wir erfahren, dass es sich dabei um Chuck, den freundlichen Grenzbeamten handelt.

Die Leiterin des Altersheims macht sich auf die Suche nach einem Computer für uns. Schnell wird sie fündig und lotst uns in das Nebengebäude. Wir sind jetzt in der Stadtverwaltung und werden in ein Büro geführt. Hier sieht es ziemlich chaotisch aus, was die Mitarbeiterin auch gleich entschuldigend anmerkt. Etwa eine Stunde brauchen wir, um alle E-Mails zu beantworten und einen kurzen Lagebericht nach Hause zu schicken.

Weiter geht es zum Shop - für uns natürlich immer das wichtigste Gebäude in jedem Dorf. Der Laden ist erstaunlich groß und gut sortiert. Er führt auch frische Ware und ist richtig teuer. So kostet ein Liter Milch 4,50 Dollar. Wer von den Einheimischen kann das bezahlen? Und wieder einmal, wie schon so oft auf meinen vielen Reisen stelle ich fest, wie billig Lebensmittel in Deutschland sind. Nur leider wissen das die meisten Menschen dort nicht.

Cynthia, die Besitzerin des Ladens, ist die gute Seele des Ortes. Sie kennt alle Leute, die hier durchkommen und kann uns ein paar Tipps für die Weiterfahrt geben. Und sie kann noch mehr: Nach zwei kurzen Telefonaten sind wir mit Jack verabredet. Er wohnt in einer kleinen Hütte ein paar Häuser weiter. Sein Haus verfügt über ein richtiges Bad und Cynthia hat ihm gesagt, dass zwei Kanufahrer bei ihr seien, die dringend eine Dusche brauchen. So verlässt er kurzerhand seinen Arbeitsplatz, um uns sein Haus aufzuschließen. Er führt uns ins Bad, gibt uns Shampoo und Handtücher (die wir natürlich auch dabei haben). Wir sind völlig perplex, aber ehe wir uns richtig bedanken können, ist er auch schon wieder weg.

Umso mehr bedanken wir uns dann bei Cynthia und bitten sie, den Dank weiterzugeben. Hier kennt natürlich jeder jeden - aber auch wir sind schon bekannt. Eine Familie betritt den Laden: „Ach, ihr müsst die mit dem Kanu sein. Wir haben euch gestern Abend schon gesehen."

Der Alkoholladen ist das nächste Gebäude. Dann gibt es noch zwei Kirchen, eine Tankstelle und eine Schule. Vor der Schule, einem großen, zweistöckigen, modernen Gebäude steht ein Schild: „This is a drug free, weapon free, alcohol free, and tobacco free school zone."

Viel los ist nicht auf der Straße. Viele Bewohner sind jetzt in den Fish Camps, vermute ich. Aber es gibt recht viele Autos. Überwiegend sogar normale Pkw. Während des langen Winters dürften diese allerdings nutzlos sein.

Wir sind noch nicht lange wieder unterwegs, da überholt uns ein Motorboot, stoppt dann und wartet, bis wir herangekommen sind. „Hi, I'm Roy", stellt ein Mann sich vor. Er ist auf dem Weg zu seinem Fish Camp und lädt uns zu sich ein. Es liegt etwa acht Kilometer weiter flussabwärts. Eine gute Stunde brauchen wir für die Strecke.

Zwei Hunde kündigen unsere Ankunft lauthals an. Wieder hängt viel getrockneter Fisch vor und im Räucherofen. In seiner Hütte ist es gemütlich. Strom gibt es über eine Batterie, ein Windrad und ein Solarmodul. Selbst eine TV-Schüssel hängt an der Hauswand. Wir werden zu Tee und Keksen eingeladen. Mit Nachnamen heißt Roy übrigens Folgert. Sein Ur-Großvater kam aus Deutschland, zu Zeiten des Goldrausches, sagt er.

„Ich bin jetzt 75 und das Fish Camp ist mein Hobby. Manchmal helfen mir meine Kinder dabei."

„Wohnen die auch in Tanana?"

„Ja, alle."

„Alle? Wie viele hast Du denn?"

Auf meine Nachfrage antwortet er: „Ich habe neun Kinder, 27 Enkel und bisher 16 Urenkel!"

„Dann ist ja die Hälfte der Einwohner mit dir verwandt!" antworte ich scherzhaft. Beim späteren Nachrechnen stelle ich fest, dass ich damit gar nicht so falsch lag.

11. Auge in Auge

Das Leben in der Natur explodiert hier in den kurzen Sommermonaten regelrecht. Selbst durch das Zelt hindurch hören wir das Brummen und Summen der Insekten im Unterholz. Der Wind rauscht in den Bäumen. Kleine Wellen plätschern an das Ufer. Wie friedlich hier alles ist. Ich schließe noch einmal die Augen und denke über das Leben der Menschen am Ufer des Yukon nach. Morgens schmerzen mir jetzt immer Hände und Ellenbogen ein wenig. Erst nach kurzen gymnastischen Übungen kann ich die Hände wieder normal schließen. Simone wacht auch gerade auf und schält sich aus dem Schlafsack.

Erst gestern Abend überfiel mich wieder die Bärenparanoia - jedes Blätterrascheln und jedes Ruckeln des Windes am Zelt ließ mich aufhorchen. Aber wie immer ist bloß zu viel Fantasie im Spiel. Heute morgen wachen wir gut gelaunt auf, die Sonne wartet schon auf uns.

Wir bleiben noch liegen und unterhalten uns über neue Ideen und Zukunftspläne, da höre ich draußen ein regelmäßiges Tapsen.

„Matthias, da ist jetzt aber tatsächlich was!", flüstere ich. Ich mache das Zelt ein Stück auf, schaue heraus und pralle augenblicklich zurück: Ein ausgewachsener Grizzly mit zotteligem Fell läuft direkt auf unser Zelt zu. Ich kann gerade noch sehen, dass er intensiv mit dem Absuchen des Bodens beschäftigt ist, bevor er, erschrocken durch das Geräusch vom Reißverschluss, zu mir hoch schaut. Er ist höchstens noch zwei Meter entfernt, sein Kopf mit meinem fast auf gleicher Höhe, ich blicke in zwei dunkle Augen. Instinktiv lasse ich mich nach hinten fallen, greife das Bärenspray und spreche ihn geistesgegenwärtig mit fester Stimme auf Englisch an: „Go away!" Matthias hat bereits den Taschenalarm in der Hand. Es sind sicherlich nicht mehr als zwei Sekunden vergangen, als ich wieder aus dem Zelt gucke: Der Bär ist blitzschnell die Böschung hochgeflitzt. Oben bleibt er stehen und schaut kurz, ob ihm jemand folgt. Dann nimmt er die Beine in die Hand und verschwindet endgültig im Wald.

Wir gucken uns an. Unglaublich! Der Bär hat unser Zelt gar nicht gesehen und uns auch nicht gehört! Er war konzentriert mit der Futtersuche beschäftigt, die Nase immer am Boden. Was wäre passiert, wenn er am Zelt angekommen wäre? Jetzt setzen doch die Schrecksymptome ein, mein Herz klopft wie wild und meine Hände zittern. Mann, war das dicht. Ich habe ihm direkt in die Augen gesehen, und ich weiß nicht, wer von uns beiden mehr Angst gehabt hat. Nicht auszumalen, was passiert wäre, wenn er aggressiv geworden wäre.

Langsam beruhige ich mich wieder, und dann überwiegt die Freude über dieses einmalige Erlebnis.

Im Laufe des Tages sehe ich immer wieder dieses Bild vor mir, der große Grizzly mit seinen erschrockenen Augen. Matthias muss sich immer wieder den Ablauf in allen Einzelheiten anhören. Er ist ein wenig neidisch, weil er hinter mir war, konnte er nicht so viel sehen. Sehr schade, sonst könnte ich meine Freude viel besser mit ihm teilen.

Doch das sollte für heute nicht die letzte tolle Begegnung mit Bären sein.

Simone ist in Hochstimmung. Ich beneide sie um das Erlebnis. Nur gut, dass es nicht in der ersten Woche passiert ist, als sie noch so viel Angst vor den Bären hatte.

Erste Attraktion heute ist Boneyard - zu Deutsch etwa „Knochenfriedhof". Aber was heißt hier schon Attraktion, das Erlebnis mit den Bären lässt sich vermutlich nicht mehr steigern. In einer langgezogenen Außenkurve ragt die steile sandige Wand auf. Die dunklen Stellen in etwa 30 Metern Höhe, knapp unter der Grasnarbe bestehen aus Permafrostboden. In kleinen Rinnsälen fließt Tauwasser ab. Alles ist steil und brüchig. Wir trauen uns nicht zu dicht an das Ufer. Sollte eine größere Flanke abrutschen, könnte es ein mächtige Flutwelle geben und das Kanu leicht umkippen. Anlegen ist leider unmöglich. Aber das hatten wir eigentlich vor. Denn immer wieder werden hier Skelette und Stoßzähne von Mammuts freigelegt. Vom Wasser aus können wir jedoch nichts erkennen. Es ist vielleicht auch etwas vermessen, zu erwarten, dass ausgerechnet, wenn wir hier vorbei kommen, ein Mammutskelett aus der Wand schaut.

Mir kommt jedoch gleich eine richtig tolle Geschäftsidee: Man müsste in Tanana ein Lokal aufmachen und Mammutsteaks verkaufen! Wenn man die aus dem tiefgefrorenen Boden schneidet, noch bevor sie auftauen, müsste das doch gehen. Simone schaut mich an, als hätte ich zu viel Sonne abbekommen und meint trocken: „Wenn die aber damals nicht ordentlich eingefroren wurden, haben die bestimmt Gefrierbrand." Wenn ein solches Mammut gerade auftaut, soll man das übrigens riechen können. Über dem Fluss hängt dann angeblich ein starker Verwesungsgeruch.

Und wieder ist es Simone, die die nächsten Tiere entdeckt. Das Ufer ist jetzt nur noch drei Meter hoch und oben bewaldet. Wir paddeln mit unserem üblichen Abstand von vielleicht fünfzehn Metern zum Flussufer. Direkt auf der Abbruchkante kommt uns eine Schwarzbärmutter mit ihrem Kleinen entgegen. Wir hören sofort auf zu paddeln, die Strömung treibt uns an dieser Stelle zum Glück nur ganz langsam voran. Endlich ist einmal Zeit, die Kamera hervorzuholen, und auch die Lichtverhältnisse sind perfekt. Die Bärin hat die Nase dicht am Boden und sieht uns nicht. Das Kleine läuft hinter ihr, bleibt ein paar Schritte zurück und hüpft wieder heran. Einmal rennt es zwischen ihre Beine und wird fast umgeworfen. Zweimal schaut es zu uns rüber. Es muss uns gesehen haben. Als wir schon an ihnen vorbei sind, bleibt auch die Mutter stehen und schaut über den Rand des Ufers auf den Fluss. Das Kleine macht es ihr nach. Das gibt ein schönes Abschlussfoto. Nun hat sie uns aber tatsächlich gehört und ist mit ein paar Sätzen im Wald verschwunden.

Bei der gestrigen Überquerung des Yukon hin zur linken Uferseite war der Fluss absolut ruhig. Heute möchten wir wieder zurück auf die rechte Seite, wo wir dann vorerst bleiben wollen. Das Wasser sieht ruhig aus, ist es aber nicht. Ich habe eine Stelle auf der Karte ausgesucht, an der sich eine große Insel befindet. So können wir uns die Überfahrt in zwei Abschnitte aufteilen. Obwohl es kaum windet, entstehen kurze, abgehackte Wellen, die ganz unregelmäßig auftreten. Unangenehm wird vor allem die zweite Etappe. Das Boot schaukelt stark, aber wir bekommen kein Wasser ins Boot. Kann man in einem Kanu eigentlich seekrank werden? Eine interessante Frage, der ich zu Hause einmal nachgehen muss.

Ich stimme kurz ein Lied an: „Wir fahren über'n See, wir fahren über'n See ..." Augenblicklich erhöhen sich die Wellenkämme und wir werden ordentlich durchgeschüttelt. War wohl keine gute Idee.

„Lass das bitte!", ruft Simone von vorne.

Ich probiere es mit „Still und starr liegt der See".

Die Wellen werden augenblicklich kleiner - das kann aber auch Einbildung sein. Ich sollte mich vielleicht besser aufs Paddeln konzentrieren.

Wir erreichen die rechte Flussseite und sind, obwohl ich fast im rechten Winkel auf das Ufer zusteuerte, wieder einen guten Kilometer abgetrieben worden. Um Wind und Wellen zu entgehen, probieren wir wieder einmal einen Nebenkanal aus. Doch ist der diesmal so eng, dass das Wasser fast steht.

„Vielleicht eine Sackgasse?"

„Kann ich nicht sagen. Der Seitenarm ist wohl zu klein, um auf der Karte eingezeichnet zu sein."

Moskitos fallen über uns her und wir entscheiden, wieder zurück in den Hauptkanal zu fahren.

Bei der letzten Peilung hatte ich festgestellt, dass wir inzwischen nur noch 63 Meter über Normalnull sind. Da wir aber noch weit über 1.000 Kilometer vor uns haben, ist das Gefälle extrem gering. Das erklärt auch, warum die Strömungsgeschwindigkeit schon wieder abnimmt und später noch langsamer werden wird.

Einen Lagerplatz zu finden, ist heute schwierig. Es gibt kaum Inseln, das Ufer ist steil und direkt dahinter beginnt dichter Wald. Gegen Mitternacht finden wir eine ebene, aber matschige Fläche. Moskitos begrüßen uns sofort, gerade so, als wenn sie auf uns gewartet hätten. Was machen die eigentlich, wenn hier wochenlang niemand vorbeikommt, frage ich mich. Erst, als wir uns mit Off! eingenebelt haben, können wir das Boot entladen und Zelt und Kochstelle aufbauen. Wir freuen uns auf einen Tee und ein Käsebrot vor dem Zubettgehen, doch der gestern gekaufte Käse schimmelt bereits.

„Kein Wunder, das Haltbarkeitsdatum ist im März abgelaufen!"

„Wir haben jetzt Juli. Dann wird wohl in Tanana nicht viel Käse gegessen ..."

„Guck mal, das Preisschild war auch direkt auf das Datum geklebt!"

Ein Schelm, der Böses dabei denkt.

Menschliche Stimmen sollen ja Bären erschrecken. Ob zumindest das funktioniert, möchte ich gerne bei dem nächsten Bären ausprobieren. Mit 50 Metern ist er zu weit weg zum Fotografieren und so nutze ich die Chance für dieses Experiment.

„Hey, Bär!", rufe ich ihn aus dem Kanu an. Keine Reaktion. Noch einmal, jetzt lauter: „Hey, du, Schwarzbär!" Nichts passiert. Jetzt schreie ich fast. Wieder nichts. Wir schauen uns an. So ein Ignorant. Hoffentlich hilft im Falle eines Falles wenigstens noch das Bärenspray.

Eine auffallend große und schöne Hütte steht am Ufer. Da der nächste Ort weit entfernt ist, fragen wir uns, wie wohl das Baumaterial hierher gekommen ist. Nur wenig später wird diese Frage beantwortet. Uns kommt ein Frachtschiff entgegen. Es besteht nur aus einer offenen Fläche und einem kleinen Aufbau, in dem Kapitän und Mitarbeiter untergebracht sind. Mehrere Container, viele Kisten und Fässer, ein Baufahrzeug und sogar einen Pkw transportiert der Kahn. Wir halten uns dicht am Ufer. Die Heckwelle sieht gefährlich aus, doch nichts passiert.

In zwei bis drei Tagen müssten wir in Galena sein, dann sind es noch etwa 800 Kilometer. Wir brauchen noch Lebensmittel für die letzte Etappe und, wie es aussieht, wohl auch neue Gummistiefel. Die Stiefel aus dem Supermarkt bekommen nach nur wenigen Wochen bereits Risse. Alles steht und fällt mit dem Wetter. Wenn es so bleibt wie heute, sieht es schlecht aus. Ständig regnet es, das Zelt wird gar nicht mehr trocken. Das macht mich gerade etwas mürbe. Manchmal will ich morgens gar nicht aufstehen, wenn ich den Regen auf die Zeltplane trommeln höre. Aber in unserem kleinen Zelt hält man es auch nicht lange aus.

Beim Wechseln der Flussseite geraten wir oft in Windböen, die nicht unerhebliche Wellen erzeugen. Als hätte der Wind nur darauf gewartet, dass wir kommen. So war es schon ganz oft und ich fange an, ihm heimtückische Absichten zu unterstellen. Ich sehe immer schon die Wellen in unser Boot schwappen, aber das Kanu ist anpassungsfähig, schmiegt sich in die Wellentäler, und Matthias steuert uns gut hindurch. Kaum sind wir auf der anderen Seite angekommen, sieht der Wind keine Veranlassung mehr, sich aufzuplustern und stellt seine Arbeit ein.

Bei jeder Pause werden wir von Moskitos überfallen, jeder Gang zum Klo wird zur Tortur. Zu meinen üblichen Schrammen gesellen sich immer mehr entzündete Mückenstiche. Ich träume von einem Wellnesshotel mit Hamam-Bad. Endlich mal wieder sauber und gepflegt sein, nichts juckt, beißt oder piekt, keine Mahlzeiten im Regen, keine nassen Socken, keine verknoteten

Haare und keine schlammverschmierten Hosen. Es ist gar nicht lange her, da träumte ich noch von einem Leben in der Wildnis, fällt mir auf.

Drei Tage vergehen ohne nennenswerte Vorkommnisse. Über Stunden ragten gestern die verkohlten Baumskelette auf der anderen Flussseite auf. Wir können gar nicht abschätzen, wie viel Wald hier verbrannt ist. Hundert Quadratkilometer sind es mindestens, eher mehr. Bis zum Horizont sind die Hügel kahl, und vermutlich ist die Feuerwalze auf der anderen Seite der Berge noch weitergerast. Doch dies ist schon ein paar Jahre her. Zwischen das Schwarz der verkohlten Stümpfe mischt sich bereits das leuchtende Lila der Fireweed. Diese Pflanze ist in der Regel die erste, die verbrannte Flächen zurückerobert. Sie wird etwa einen Meter groß und besteht fast nur aus Blüten. Der trostlose Anblick wird so deutlich abgemildert.

Fast alle Brände werden durch Blitzschlag ausgelöst. Inzwischen werden sie auch nur noch bekämpft, wenn Menschen oder Siedlungen in Gefahr sind. Längst hat man herausgefunden, dass regelmäßige Feuer dem Wald helfen, sich zu regenerieren, und Schädlinge vernichten.

Das Wetter ist wechselhaft. Mehrmals ziehen wir unsere Regensachen an und nach einer Weile wieder aus. Am letzten Abend der drei Tage kommt die Sonne wieder heraus. Da sie dicht über der Wasseroberfläche steht, blendet sie so stark, dass ich kaum etwas sehen kann. Noch bei Sonnenschein legen wir an einem flachen Sandstrand an. Endlich können Zelt, Isomatten und Schlafsack richtig trocknen. Merkwürdigerweise gibt es hier keine Moskitos, und so genießen wir unser Abendessen bei einem farbenprächtigen Sonnenuntergang.

Zwanzig Kilometer sind es nun noch bis Galena, dem größten Ort nach Dawson City. Bei guten äußeren Bedingungen legen wir die Strecke in drei Stunden zurück. Der Ort soll sehr lang auseinandergezogen sein, aber wir legen tatsächlich genau vor einem der beiden Supermärkte an. Uns kommen mehrere Autos und eine Radfahrerin entgegen. Eine andere Frau führt ihren Hund an der Leine aus. So etwas haben wir wirklich lange nicht mehr gesehen. Normalerweise handelt es sich bei den Hunden hier um Schlittenhunde oder um Wachhunde, die in der Regel vor dem Haus an einem Pflock mit kurzer Leine angebunden sind.

Der Supermarkt ist groß, es gibt sogar Einkaufswagen. 106 Dollar lautet das Ergebnis zwanzig Minuten später. Wir müssen die Vorräte aufstocken und davon ausgehen, dass wir in den nächsten kleinen Orten nicht viel bekommen werden und wegen eines Sturms auch einmal mehrere Tage festsitzen könnten. Je dichter wir ans Meer kommen, um so größer ist die Wahrscheinlichkeit einer längeren, wetterbedingten Zwangspause.

Auch wenn Galena etwa 900 Einwohner hat, fallen wir natürlich sofort auf. Eine Frau kann es gar nicht glauben: „By canoe? Really? How dangerous! Alaskans wouldn't do this. We fly!" Nein, natürlich, weder die weißen Einwohner Alaskas noch die Nachfahren der Ureinwohner würden auf so eine Idee kommen. Zwei Kunden bieten dann unabhängig voneinander an, uns mit unseren Einkäufen zum Kanu zu bringen. Aber auch wenn wir über 100 Dollar ausgegeben haben - die Sachen lassen sich locker in zwei Tüten transportieren. Und wir sind froh, wieder einmal die Füße benutzen zu können.

Wir paddeln noch eine Meile flussabwärts. Dort liegen die meisten Boote und direkt am Ufer, vor dem Gebäude des Fish- and Wildlife Office gibt es einen kleinen inoffiziellen Campingplatz. Im Prinzip handelt es sich dabei allerdings nur um eine ebene Rasenfläche. Allerdings ist das ja schon mehr, als wir in den letzten Tagen zu Gesicht bekommen haben.

Dennoch soll es in Galena angeblich Dusche, Restaurant, Café und Internet geben. Gibt es zwar alles nicht - aber wir bekommen es trotzdem. Doch der Reihe nach: Duschen gibt es nur im Schwimmbad, das natürlich geschlossen ist. Internet nur in der Schule, aber zurzeit sind Sommerferien. Das Restaurant hat seit Jahren geschlossen, die Bar nur am Wochenende geöffnet. Bis vor ein paar Jahren hatte die Army in Galena einen Stützpunkt. Damals lohnte sich das alles vermutlich noch.

Wir machen uns erst einmal auf den Weg zur Washeteria. Endlich können wir wieder unsere Sachen waschen. Für die kleine Waschmaschine brauchen wir einen Token, eine besondere Münze, die es in dem Laden nebenan gibt. Leider sind die kleinen Waschmaschinen alle kaputt. Überhaupt sieht es hier ziemlich ungepflegt aus. Überall liegt herrenlose Wäsche herum und besonders sauber ist es auch nicht. Für eine der großen Maschinen brauchen wir drei Token, und so kostet uns eine Waschladung tatsächlich stolze zwölf Dollar. Nachdem unser kleiner Berg Wäsche in einer riesigen Trommel verschwunden ist, fragen wir die Mitarbeiterin in dem kleinen Laden, ob es irgendwo einen Internetzugang gibt. Eine Kundin, die sich als Suzette vorstellt, hat mitgehört.

„Deutsche seid ihr? Mein Mann kommt aus Deutschland! Vielleicht könnt ihr bei uns ins Internet. Ich werde ihn fragen."

Wir brauchen ihr gar nicht erklären, wo sie uns findet. Sie hat es schon erraten. Wir sind noch nicht zurück auf dem Campingplatz, da überholt sie uns bereits mit ihrem klapperigen Toyota.

„Möchtet ihr mit zum Essen kommen?"

Natürlich möchten wir! Unsere Einwände, dass wir erst einmal duschen wollen und noch auf unsere Wäsche warten müssen, die inzwischen im Trockner ist, lässt sie nicht gelten.

Erst einmal bekommen wir eine Stadtrundfahrt geboten. Wobei „Stadt" allerdings etwas zu viel verspricht. Alles Wichtige haben wir eigentlich schon zu Fuß erkundet. Dann geht es zum Flughafen, denn dahinter liegt auf dem ehemaligen Gelände der Army die Internatsschule, in der beide arbeiten. Ihr Mann Rand ist dort Koch. Auch hier sind jedoch Ferien, weshalb heute Abend nur eine kleine Gruppe Seminarteilnehmer anwesend ist.

Wir dachten, ihr Mann würde gerne einmal wieder Deutsch sprechen, und dass das auch der Grund für die Einladung gewesen wäre. Doch weit gefehlt. Seine Familie ist schon vor acht Generationen ausgewandert. Er spricht natürlich kein Wort Deutsch, freut sich aber dennoch, dass wir da sind. Und kochen kann er: Es gibt eine Suppe vorweg, dann Hähnchen mit Kohl und Zucchini und hinterher Kuchen. Duschen können wir in den Waschräumen der Schule und auch unsere Wäsche dreht bereits die letzten Runden im schuleigenen Trockner. Suzette verabschiedet sich kurz: „Ich muss die Hunde füttern. Sonst denken die noch, ihr seid das Abendessen, wenn wir zu uns fahren."

Währenddessen nimmt sich Rand die Zeit, uns seinen „Golfball" zu zeigen. So nennt er den riesigen Radarturm mit der runden Kuppel. Mit seinem Quad fahren wir zum Gebäude hinüber, das mit Warnschildern geschmückt ist: „Do not enter - military property". Doch Rand hat den Schlüssel für die eiserne Eingangstür. Es ist stockfinster in dem Turm. Mit Taschenlampen laufen wir die alten Stahltreppen hinauf. In der riesigen Kuppel hallen unsere

Stimmen unglaublich. Während des Kalten Krieges wurden von hier über Jahrzehnte hinweg die Russen abgehört. Durch eine Öffnung klettern wir nach draußen. Auf einem schmalen Steg kann man um die Kuppel herumlaufen. Der Blick geht über das ehemalige Militärgelände hinweg zur Landebahn, weiter zu den Häusern des Ortes. Dahinter Wald, so weit das Auge reicht.

„Was hat Euch eigentlich nach Alaska verschlagen?", frage ich ihn.
„Geld und Abenteuerlust. Mit dem Einsetzen des Ölbooms schossen hier überall Schulen wie Pilze aus dem Boden. Indianer und Eskimos wollte man mit dem amerikanischen Schulsystem beglücken. Viele Lehrer aus den Lower 48 kamen herauf. Die Löhne waren zwei- bis dreimal so hoch wie dort unten."

Jetzt kommt Rand richtig ins Erzählen: „Mit einem BMW sind wir vor dreizehn Jahren von Oregon nach Homer/Alaska gefahren. Doch der Job in dem Restaurant gefiel mir nicht. Und als mir diese Stelle angeboten wurde, habe ich zugegriffen. Gleich im ersten Winter fiel die Temperatur auf -53°C. Bei -50°C fällt übrigens die Schule aus. Der Schulbus kann dann nicht mehr fahren. Uns geht es gut hier. Das Internat bietet viele Arbeitsplätze. Eigentlich könnte jeder in Galena einen Job haben. In den kleinen Dörfern sieht das allerdings anders aus. Aber eigentlich brauchst du auch keinen. Die staatlichen Leistungen sind hoch, sehr hoch. Dazu kommt jedes Jahr das Geld von der Pipeline. Letztes Mal waren es 4.000 Dollar pro Kopf. Wenn du fünf Kids hast, und das ist nicht ungewöhnlich, bekommst du zusätzlich zur Sozialhilfe einen Scheck über 28.000 Dollar. Die Leute wissen gar nicht, was sie damit machen sollen. Also kaufen sie sich jedes Jahr einen neuen Pickup - wohlgemerkt für ein Straßennetz, das nicht einmal zwanzig Kilometer misst! Die Menschen hier haben keinen Sinn fürs Sparen. Ich glaube das liegt daran, dass früher weder Fisch noch Wild lange aufbewahrt werden konnten. Man lebte von der Hand in den Mund. Und es machte ja auch keinen Sinn, schließlich kamen die Lachse jedes Jahr wieder den Fluss hoch. Jeden Herbst konnte man wieder Elche schießen und jedes Jahr gab es Blaubeeren."

„So wie heute der Scheck regelmäßig kommt?"
„So wie heute der Scheck jedes Jahr kommt", bestätigt Rand. Die beiden sind übrigens auch noch Radiomoderatoren für das Lokalradio, erzählt er, als

wir hinüber zur neuen Mensa gehen, die gerade gebaut wird. In der Küche, seinem Arbeitsplatz also, soll alles energieeffizient und umweltfreundlich werden. Warum aber haben wir dann heute Abend alle von Papptellern gegessen und aus Styroporbechern getrunken, frage ich mich.

Als wir zurück zum Gebäude kommen, trifft auch Suzette gerade ein. Rand hätte noch etwas zu tun, ob wir mit ihr zur Dump Station wollen? Wir sind uns nicht sicher - was sollen wir an der zentralen Mülldeponie? Wir fahren trotzdem mit und nach ein paar Minuten erreichen wir ein umzäuntes Gelände ohne Tor. Ein Schwarzbär durchstreift das Gebiet auf der Suche nach Essbarem. Das war also der Grund für den Ausflug. Vom Auto aus einen Bären beobachten, der im Zivilisationsmüll herumschnüffelt, ist allerdings nicht so nach unserem Geschmack.

Dann geht es zu Suzette und Rand nach Hause. Sie haben zwei Bernhardiner und einen Rottweiler. Die Hunde wären etwas ungestüm, bemerkt sie vorsorglich. Die Untertreibung des Jahres, wie wir gleich merken sollen. Simone und ich mögen Hunde sehr, aber was jetzt kommt, ist dann doch etwas viel. Kaum sind wir vorgefahren, ertönt lautes Gebell. Die Tür geht auf und zwei riesige Tiere stürzen heraus. Rand und Suzette versuchen sie zu bändigen, aber wenn wir uns nicht am Auto festhalten würden, würden uns die Hunde glatt umrennen. Sie springen an uns hoch und sabern uns voll.

„Keine Angst, die wollen nur spielen", ruft Suzette atemlos.

Ich würde ihr gerne glauben …

Als wir das Haus betreten, stürzt sich zusätzlich noch der Rottweiler auf uns. Die Hunde scheinen sich gegenseitig immer wieder anzustacheln. Nach zehn Minuten ist die Begrüßungszeremonie aber vorbei und alle beruhigen sich langsam.

Wir bekommen Kaffee und entdecken erst jetzt die beiden Katzen auf dem Tisch, die der ganze Rummel völlig kalt gelassen hat. Rand lädt zur Hausführung. Ihr Heim ist ein großes Blockhaus: Flur, Küche und Wohnzimmer bilden einen offenen Kreis um einen Mittelblock herum, in dem sich unten Bad, Wassertank und Abstellraum, oben das Schlafzimmer befinden. Da es außer beim Bad keine Zwischenwände und Türen gibt, genügt ein großer Holzofen, um das gesamte Haus zu heizen. Von einer großen Terrasse aus schaut man direkt auf den Wald.

Wir fragen kurz unsere E-Mails ab, während es sich die anderen fünf vor dem Fernseher gemütlich machen. Es ist schon nach Mitternacht, als wir uns verabschieden und ein denkwürdiger Tag in Sachen Gastfreundschaft geht zu Ende.

Heute steht uns die Einmündung des Koyukuk River bevor. An der Stelle, an der er in den Yukon mündet, ist er etwa zwei Kilometer breit. Bei Gegenwind könnte dies eine ziemliche schwierige Passage werden. Dazu dann die Strömungen beider Flüsse, die aufeinander treffen. Da würde ich lieber den Yukon wieder überqueren und auf der anderen Seite am Ufer entlang paddeln.

Simone ist nicht davon nicht begeistert, den Yukon schon wieder zu überqueren. Stunde um Stunde geht es an der etwa zwei Meter hohen Abbruchkante entlang. Glänzend schimmert das Eis des Permafrostbodens zwischen den schwarzen Erdschichten. Immer wieder fallen kleinere Erdklumpen in den Fluss. Die Humusschicht über dem Eis ist höchstens einen halben Meter dick. Kein Wunder, dass die Bäume hier alle so schlank und nur ein paar Meter hoch sind. Die Bäume, die dicht an der Abbruchkante stehen, werden demnächst ihr Leben aushauchen. Sie werden wohl spätestens im nächsten Jahr unterspült und dann in den Fluss kippen. Einige können sich mit ihrem Wurzelgeflecht noch festhalten, obwohl wir schon unter ihnen durchfahren könnten und sich ihre Krone in Richtung Wasser neigt.

„Hey, hörst Du das?" Ein merkwürdiges Geschrei hatte mich gerade aus meinen Gedanken gerissen.

„Was ist das?" Wir können es nicht einmal ansatzweise deuten. Es geht uns durch Mark und Bein. Es klingt nicht wie ein Mensch - aber wie ein Tier eigentlich auch nicht.

„Da, dort steht ein Fuchs am Ufer!" flüstere ich.

Tatsächlich. Nur wenige Meter vom Wasser entfernt auf einer kleinen Landzunge steht ein Fuchs, der offensichtlich diese merkwürdigen Schreie ausstößt. Er lässt sich durch unser Näherkommen überhaupt nicht irritieren. Wir haben so etwas noch nie gehört, hätten nie gedacht, das ein Fuchs solche Töne hervorbringen kann. Es klingt anklagend, aber auch ängstlich. Er schaut in Richtung Wald, wir können jedoch nichts erkennen. Die einzige

Erklärung, die uns einfällt: Vielleicht hat ein Tier, möglicherweise ein Luchs, sein Junges gerissen und der Fuchs traut sich nicht wieder zurück.

„Das war unheimlich, oder?"

Ich kann nur stumm nicken.

Der Fluss ist spiegelglatt. Während Simone in der „Küche" hantiert, repariere ich meine Gummistiefel. Inzwischen tragen wir sie eigentlich ständig, da es in den Sandalen zu kalt ist. Der kurze arktische Sommer scheint schon vorbei zu sein. Mit dem silberfarbenen Klebeband sehen die Stiefel fast besser aus als vorher, finde ich. Einmal dabei, klebe ich den Riss in Simones Regenhose, meine Handschuhe und zwei Ringe am Boot, in die die Spanngurte eingehängt werden.

Das Wetter ist gut und ich beschließe Brot zu backen. Wir haben noch 5 kg Mehl (sogar Vollkornmehl!) die verarbeitet werden wollen. Ich mache einen Hefeteig, den ich zum Gehen in den Topf werfe und diesen ins Kanu lege. Ein paar Stunden später machen wir für unser Mittagessen ein größeres Feuer. Der Topfdeckel wird mit Alufolie ausgekleidet, etwas Margarine daraufgegeben und der Teig mit einem guten Schluck Wasser hinein. Ich habe mir überlegt, dass Brot so zu backen, wie meine Oma Dampfnudeln gemacht hat, da wir ja keinen Ofen haben. Den Topf benutze ich also als Deckel. Das Ganze kommt ca. 30 Minuten auf den Grill. Zwischendurch füge ich immer einen Schluck Wasser hinzu, um den Dampfeffekt zu erhalten.

Aber eine halbe Stunde war wohl etwas zu lange, der Teig ist von unten ziemlich dunkel geworden, eigentlich richtig schwarz. Wenn man die untere Kante abschneidet, schmeckt der Rest des Brotes trotzdem sehr gut. Ohne übertreiben zu wollen: Es ist wirklich lecker!

Alle Fish Camps, die wir in den letzten Tagen gesehen haben, sind schon verlassen. Die erste Sorte Lachs, der King Salmon ist hier wohl schon durchgekommen. Lang war die Saison offensichtlich nicht. Aber es kommen noch zwei weitere Sorten, der Silver und der Sockeye. Letzterer ist allerdings von minderer Qualität und wird hier nur als Hundefutter verwendet. Genau den sollte ich jedoch ein paar Wochen später als „Premium-Qualität aus Alaska" bei einem großen deutschen Lebensmittel-Discounter finden.

Hier in der Region wird der Lachs nicht mit Netzen, sondern mit sogenannten Fischrädern gefangen. Dieses Schaufelrad wird nur mithilfe der Strömung angetrieben. Die Fische in den Fangkörben rutschen über eine Schräge in einen Behälter und können vom Besitzer des Fischrades dann bequem herausgeholt werden.

Zwei Schneeeulen sitzen nur etwa einen Meter über der Wasseroberfläche und lassen sich nicht stören, als wir dicht an Ihnen vorbeifahren. Erst im letzten Moment erkennen wir das Jungtier im dunklen Gefieder zwischen den beiden Alttieren.

Später entdecken wir einen Grizzly, der unglaublich helles Fell hat. So hebt er sich wunderbar von der dunklen Felswand hinter ihm ab. Diese Bären werden von den Ureinwohnern als Geisterbären bezeichnet. Die spirit bears haben einen festen Platz in der Mythologie und die Sichtung eines solchen Bären soll Glück bringen. Doch leider unterläuft mir hier zum ersten Mal ein Bedienungsfehler. Die Kamera nimmt nichts auf, was ich leider erst feststelle, als der Bär verschwunden ist. Aber vielleicht lag es auch daran, das es ein Geisterbär war. Wer weiß ...

Kaltag heißt die nächste Indianersiedlung. Offiziell hat sie 270 Einwohner. Die Wege sind schlammig und auch sonst sieht alles sehr heruntergekommen aus. Viele Gebäude sind kaputt, aber Washeteria, Tribal Office und die Post Office sind neu, aber sehr funktionell gehalten. Schön ist etwas anderes.

Im Vorraum hängt am schwarzen Brett eine Ankündigung zu einem Potlatsch, dem „Fest des Schenkens". Zu verschiedenen Anlässen, wie z.B. Tod, Geburt oder einer Namensgebung wird dieses Fest veranstaltet, zu dem alle eingeladen sind. Eine Zeitlang war das Potlatsch verboten, da die Geschenke immer größer wurden. Große Geschenke waren ein Zeichen von Macht und Reichtum und sicherten eine besondere Stellung in der Gesellschaft. Beim nächsten Anlass wollten die Beschenkten sich nicht nur revanchieren, sondern noch mehr schenken, sodass manche am Ende buchstäblich alles verschenkt hatten.

Das durchschnittliche Lebensalter der Menschen hier ist übrigens nicht besonders hoch. Daran war früher das harte Leben Schuld. Heute sind es vor allem der Alkohol und die damit verbundenen Unfälle. Neben der Einladung hängt übrigens eine Postkarte aus Celle, auf der sich ein Besucher bei der Postmitarbeiterin für ein lange erwartetes Paket bedankt.

Neben dem Auszahlen von Bargeld ist die Ausgabe von Paketen ihre Haupttätigkeit, erzählt mir die Angestellte. Wer nicht auf das Frachtschiff warten will, lässt sich Waren zuschicken. Manchmal geht es hier richtig hoch her, erzählt sie weiter. Bis zu 40 Kunden habe sie an manchen Tagen, sagt sie stolz, ohne das Strickzeug aus der Hand zu legen.

Pünktlich zur Mittagspause beginnt es wieder zu regnen. Wir versuchen erstmals, uns einen Unterstand zu bauen. Zum Spannen einer Plane fehlen uns jedoch Bäume und so probieren wir es mit einem Tippi. Vier lange Äste mit Astgabeln stellen wir gegeneinander. Die Plane wird herum gelegt und mit den Spanngurten fixiert. Die dem Wind abgewandte Seite bleibt offen. Schön ist es nicht geworden, aber trocken und einigermaßen gemütlich. Vor allem die Moskitos finden es ganz toll - endlich einmal jemand, der ihnen einen Regenschutz baut.

Jeden Abend wird weiterhin die Position bestimmt und die zurückgelegte Strecke ausgerechnet. Etwas Besonderes ist es, wenn wir die aktuelle der insgesamt 16 topografischen Landkarten gegen eine neue austauschen können. Auf der neuen Karte, die ich jetzt aus der großen wasserdichten Tasche nehme, ist erstmals ein Stück vom Meer zu sehen. Bis zum Pazifik sind es jetzt tatsächlich nur noch 70 Kilometer - allerdings Luftlinie. Der Yukon dreht nun nach Süden und fließt parallel zur Küste. Statt der 70 sind es auf dem Wasser noch etwa 700 Kilometer.

Uns wurde immer wieder empfohlen, auf den Inseln zu übernachten. Es gäbe dort weniger Bären, weniger Moskitos und ein Lagerplatz wäre leichter zu finden. Nun, Bärenbesuch hatten wir letzte Nacht tatsächlich nicht. Aber die Moskitos halten sich leider nicht an die Regeln. Und das, was von Weitem wie Sand aussah, entpuppte sich beim Näherkommen wieder einmal als Sand-Schlick-Gemisch. Viel Mühe bereitet es nun, das Kanu halbbeladen wieder ins Wasser zu ziehen und dann das restliche Gepäck zu verstauen. Zum Schluss kommt wie immer eine Regenplane darüber und alles wird mit den Spanngurten gesichert. Und heute werden wir dabei auch noch beobachtet. Lautlos nähert sich ein Kanu. Wir können endlich einmal vom Ufer aus beobachten, wie winzig ein Boot auf dem Strom wirkt.

„Das kann nur Dieter sein." Grinsend schauen wir uns an.

„Klar, wer ist sonst noch so verrückt, hier alleine auf dem Yukon zu paddeln!"

Recht schnell ist er mit seinem Faltkajak herangekommen. Es gibt natürlich ein großes Hallo und viel zu erzählen. Für drei Stunden treiben wir nebeneinander her und machen dann auf einer schönen Sandbank eine Pause. Zufällig fällt mein Blick auf das Haltbarkeitsdatum der Peanutbutter.

„Das gibt's doch nicht, die ist schon vor über zwei Jahren abgelaufen!"

„Ja, man muss hier vorsichtig sein", weiß Dieter zu berichten. „Bei einigen Artikeln in den Läden ist die Staubschicht höher als das Produkt selbst!"

„Wie kann denn ein Laden, der so wenig Umsatz macht, überhaupt existieren?"

Keiner von uns kann sich das erklären.

In so einem Faltkajak ist recht wenig Platz für Lebensmittel und so lebt Dieter dann entsprechend spartanisch. Dafür ist sein Boot viel flacher und längst nicht so windanfällig wie unser „Koloss".

Schon seit Tagen liegen immer mehr große Baumstämme im Fluss. Sie wurden meistens während der Schneeschmelze mitgerissen und nun, da der Wasserspiegel stetig sinkt, bleiben sie irgendwann am Grund hängen. Alle paar Jahre, wenn der Winter sehr schneereich war und die Schneeschmelze plötzlich einsetzt, werden die Ansiedlungen am Fluss überflutet. Uferzonen und auch ganze Inseln sind dabei entholzt worden: Das Eis reißt auch größere Bäume um oder unterspült die Wurzeln. Bäumen, die den Eisschollen standhalten, wird die Rinde abgeschält, dass sie nach der Flut wie abgenagte Knochen am Rande des Schlachtfeldes stehen.

Teilweise liegen ein Dutzend oder mehr Stämme nebeneinander vor einer nicht sichtbaren Sandbank. Wie eine Sperre wirkt das von Weitem. Bei den beiden Baumstämme rechts vor uns ist allerdings etwas merkwürdig. Der Abstand zwischen ihnen wird immer größer. Einer bewegt sich langsam in Richtung Strommitte, und das quer zur Strömung. Als wir näher kommen, erkennen wir, das es sich dabei um einen jungen Elchbullen handelt. Er schwimmt tatsächlich quer durch den Fluss und kreuzt unsere Spur im rechten Winkel. Unglaublich, wie gut das Tier schwimmen kann. Auch er ist nun auf uns aufmerksam geworden, äugt zu uns herüber und schnaubt nervös. Umdrehen kann oder will er nicht. Im Wasser ist er natürlich völlig wehrlos, hat aber hier außer der Strömung auch keine natürlichen Feinde. Als er das Ufer erreicht, bleibt er erst einmal erschöpft stehen und dreht sich nach uns um.

12. On Yukon Time

„Zeit, wie Europäer sie kennen, ist kostbar. Sie wird mit drei Armbanduhren auf der rechten Seite gemessen und wenn möglich, noch mit zweien auf der linken Seite. Man muss Zeit sparen, hat keine Sekunde zu verlieren." Die Teslin Tlingit First Nation hingegen sind „on Yukon time", sie haben eine ganz andere Vorstellung von Zeit. Ihr Stammesältester Sam Johnston sagt: „Zeit ist die Zeit, die man braucht. Zeit, um sich eine Geschichte ohne Unterbrechungen genau anzuhören. Zeit, um einen langsamen Anfang zu machen, damit man genug Kraft hat, das erwünschte Ziel zu erreichen. Zeit, um zu tun, was getan werden muss. Alles wird zur richtigen Zeit gemacht. Jagen, Fischen, Beeren sammeln oder Freunde treffen. Alles hat seine Zeit, und wir müssen diesem Rhythmus folgen."

Haben wir genug Zeit, haben wir genug Kraft, unser Ziel zu erreichen?

Mir wird wie schon so oft während unserer Expedition deutlich, wie wichtig die Befriedigung der Grundbedürfnisse ist. Man sollte es trocken, sauber und warm haben und satt werden. Darum geht es ja hier täglich neben dem Paddeln, Fotografieren und dem Genießen der Natur. Zu Hause sind diese Dinge für die meisten von uns selbstverständlich. Und in der Regel ja auch ohne viel Mühe jederzeit möglich. Hier muss ich täglich etwas dafür tun, oft ist es nicht einfach und zerrt an meinen Kräften. Aber wenn es dann geschafft ist, erfüllt es mich mit einer tiefen Befriedigung.

Es läuft heute so gut, das wir gegen Mitternacht den Ort Greyling erreichen. Eigentlich hatten wir geplant, vor dem Ort zu übernachten, konnten aber keine geeignete Stelle finden. Wir stoppen genau dort, wo die meisten

Motorboote liegen. Drei sehr neugierige Kinder, zwischen fünf und zehn Jahre alt, umringen uns sofort. Sie stellen ohne Unterlass alle möglichen Fragen und sind auch sonst sehr forsch. Wir schleppen unsere Sachen eine kleine Anhöhe hinauf und bauen die Zelte auf. Moskitos beißen uns, jedoch nicht die Kinder. Trotzdem wollen die beiden Älteren ständig, dass ich Ihnen das Mückenspray gebe. Irgendwann reicht es mir und mit dem Hinweis, dass wir in den nächsten Tagen die Spraydose auch noch brauchen, packe ich sie weg.

„Aber du kannst doch morgen eine neue kaufen. Du bist doch reich!", muss ich mir daraufhin anhören.

„Wäre ich reich, hätte ich ein Motorboot wie dein Vater – und nicht ein Kanu", erwidere ich.

Das stimmt zwar so nicht, lässt sie aber zumindest ein wenig nachdenken.

Die Nacht verlief wenig angenehm. Um uns herum war viel Motorlärm zu hören, Flugzeuge starteten, Betrunkene grölten. Dabei sollte dies eigentlich wieder ein trockener Ort sein. „Ausländer geht nach Hause!", hörten wir. Das richtet sich vermutlich aber gegen Amerikaner. Sie können ja nicht wissen, wo wir herkommen. Im Falle einer Eskalation sollten wir möglichst schnell erklären, dass wir keine Amerikaner sind, denke ich.

Gegen sieben sind wir bereits wieder auf den Beinen. Nie wieder während unserer Reise wollen wir in einem Ort übernachten, da sind Simone und ich uns einig. Unglaublich, wie viel Lärm 220 Einwohner nach Mitternacht machen können. Draußen ist zu dieser frühen Uhrzeit niemand zu sehen und die Sonne lacht von einem wolkenlosen, blauen Himmel.

Nur vier Stunden brauchen wir bis nach Anvik. Das letzte Stück ist etwas schwierig, denn wir müssen einen kleinen Seitenarm ein paar hundert Meter hinaufpaddeln. Einige Boote liegen in dem kleinen, natürlichen Hafen. Links befindet sich eine schmucke Kirche, davor ein großes Holzgebäude. Auf einem großen Schild werden die Besucher herzlich willkommen geheißen. Das gab es bisher in keinem Ort. Auch die wenigen Einheimischen begrüßen uns freundlich. Einer bietet gleich an, uns mit seinem Pickup in den Ort zu fahren. Gerne willigen wir ein. Simone nimmt im Führerhaus Platz, ich schwinge mich auf die Ladefläche. Mit Waschzeug, den beiden Wasserbeuteln und wie üblich mit der kompletten Kameraausrüstung geht es erst einmal zur Washeteria. Der Fahrer hält in der linken Hand eine Coladose, die er dank Automatikgetriebe auch beim Fahren nicht aus der Hand geben muss. Aber nach Cola riecht sein Getränk eindeutig nicht.

Die Straße führt leicht bergan, rechts und links liegen auffallend schöne Häuser. Ein Bewohner mäht sogar seinen Rasen. Der Ort macht einen sehr sympathischen Eindruck. Das Bild bekommt ein paar Risse, als wir den Waschraum betreten. Ein Schild draußen verriet, dass das Gebäude 1986 gebaut wurde. Den Zustand drinnen kann man nur mit einem Wort beschreiben: Abbruchreif! Fließend Wasser gibt es, aber auch nach Einwurf der Münzen bleibt das Wasser kalt.

Während die Akkus geladen werden, gehen wir hinüber in den kleinen Laden. In dem großen Zimmer steht ein Billardtisch und ein Kind sieht fern. Die Verkäuferin erzählt, dass ihr Vater aus Deutschland kommt und sie mit Nachnamen „Krueger" heißt. Leider gibt es nur sehr helles Weißbrot, dass aber, wie wir aus Erfahrung wissen, überhaupt nicht sättigt. Sogenanntes Pilot Bread bietet sie uns noch an. Das haben wir vor ein paar Tagen schon probiert. Es erinnert in Geschmack und Aussehen stark an harte Bundeswehr-Kekse. Da ist doch unser selbstgebackenes Brot hundertmal besser ...

Beim Rausgehen laufen wir vier bärtigen Typen in die Arme.
„Na, das habe ich mir doch gedacht, dass ihr das seid!"
Axel aus Braunschweig steht vor uns. Wir haben vor Monaten in einer Braunschweiger Kneipe zusammengesessen, nachdem wir erfahren hatten, dass wir mehr oder weniger die gleiche Tour planen. Axel ist bereits mehrfach die Strecke von Whitehorse nach Dawson City gepaddelt und wollte sich nun auf die ganz große Reise begeben. Allerdings nicht allein, sondern mit drei weiteren Mitfahrern. Ich hielt die Idee für ziemlich gewagt, eine solche Expedition mit völlig Fremden zu unternehmen. Aber sie haben es immerhin bis hierher geschafft und so scheint es wohl doch zu funktionieren.

Langsam schlendern wir zum Hafen zurück. An dem großen Holzgebäude hängt ein Schild, das es als „Café" ausweist. Davor stehen ein kaputter Oldtimer, ein Wasserflugzeug und ein alter Kranwagen. Alles verrottet langsam. Der Besitzer ist vor zwanzig Jahren verstorben, erzählt mir ein Einheimischer.

Am Abend finden wir wohl einen unserer schönsten Plätze am Unterlauf. Flach, mit viel weichem Sand, trockenem Feuerholz und einem dicken Baum, an dem wir das Kanu festbinden können und der auch wie üblich gleichzeitig als Sitzbank dient. Gegen Mitternacht genießen wir das Abendrot vor unserem Zelt.

Die auf der Karte eingezeichneten Inseln stimmen mal wieder nicht mit der Wirklichkeit überein. In den letzten 50 Jahren hat sich hier doch einiges verändert. Das ist für uns heute aber nicht weiter von Nachteil – ganz im Gegenteil. Am Ufer entdecke ich plötzlich eine Elchschaufel. Da wir unplanmäßig in einem Seitenkanal mit wenig Strömung unterwegs sind, können wir wenden, zu unserem Fundstück zurück fahren und es mit vereinten Kräften ins Boot wuchten. Die Schaufel ist über einen halben Meter lang und sicherlich 15 kg schwer.

„Vor ein paar Tagen habe ich mich noch gewundert, dass man bei so vielen Elchen niemals ein Geweih findet."

„Die Schaufel ist wirklich riesig. Wie kommen die Tiere damit bloß durch das dichte Unterholz? So eng wie die Bäume dort stehen." Auch mir ist das ein Rätsel.

Größere Berge sind selten geworden. Nun taucht mal wieder einer vor uns auf und bietet etwas Abwechslung. Hinter dem Berg ist ein großes Kehrwasser voller Strudel. Wir bleiben weit genug links, um nicht zwischen die Fronten der gegenläufigen Wassermassen zu geraten. Ständig springen Fische aus dem Wasser. Es ist das erste Mal überhaupt, dass wir die Fische im Fluss auch wirklich sehen können. Andauernd platscht es irgendwo.

„Warum machen sie das?", frage ich mich.

„Ich weiß es auch nicht."

„Wäre das nicht eine gute Gelegenheit, unsere Angel einmal auszuprobieren?"

Wir haben beide noch nie geangelt. Vor der Abfahrt haben wir jedoch noch schnell eine Angelrute gekauft und hatten auch vor, es auszuprobieren. Nur bisher kamen wir irgendwie noch nicht dazu.

„Und was machen wir dann wir dem Fisch?"

„Essen vielleicht?" antworte ich.

„Haha. Dann müssen wir aber auch gleich anlegen und ein Feuer machen. Schließlich können wir den Fisch so nicht lange transportieren. Und da habe ich jetzt gerade keine Lust zu." Schade. So eine gute Gelegenheit kommt vielleicht nicht wieder. Leider soll ich Recht behalten ...

Auch für die nächste Nacht finden wir eine schöne, mückenfreie Sandbank. So früh haben wir schon lange nicht mehr gestoppt. Da es bis zum nächsten Ort nur noch acht Kilometer sind, bleiben wir hier. Außerdem wollen wir unbedingt verhindern, wieder im Ort übernachten zu müssen.

Eine gute Stunde brauchen wir am nächsten Tag für die Strecke und tatsächlich gab es unterwegs keinen Lagerplatz.

„Hi. I'm Ernie. Ernie like Ernie and Bert. Do you know them?"

Ja, die kenne ich durchaus - aber ich weiß nicht, ob ein Indianer unbedingt Ernie heißen sollte. Aber der Mann kann ja auch nichts dafür. Er hilft, das Boot festzumachen, und würde uns gerne in den Ort Holy Cross bringen, hat aber hier am Anlegeplatz noch zu tun. Der Fahrer eines anderen Wagens, der zugehört hat, nimmt uns aber gerne mit. Einen knappen Kilometer ist es vielleicht bis in die Ortsmitte.

Das Dorf macht einen netten Eindruck. Vor allem die Holzkirche ist sehr schön. Auch hier gibt es ein relativ großes, ebenfalls aus Holz errichtetes Schulgebäude. Wir gehen wie üblich zuerst zur Washeteria, laden unsere Akkus und füllen Trinkwasser ab.

„Du, ich glaube, das ist jetzt schon die zweite Dusche in dieser Woche!"

„Ja - und diese ist auch noch warm! Aber wer weiß, wann die nächste kommt."

Auf dem Rückweg sprechen uns zwei Handwerker an: „From Germany? It looks different here, yeah?"

Stimmt, aber weiß er wirklich, wie es in Deutschland aussieht?

„Where did you start?"

„In Whitehorse, Canada."

„Whitehorse?! Holy shit!"

Sie schauen uns beide mit einer Mischung aus Bewunderung und Entsetzen an. Wir stellen jetzt immer wieder fest, dass die Leute von unserer Leistung wirklich beeindruckt sind.

Gutes Wetter nutzen wir wieder zum Backen von Brot und zum Zubereiten von Pancakes. Das mitgenommene Blech erwies sich allerdings schon beim ersten Mal als nicht besonders geeignet für ein Lagerfeuer. Beim nächsten Mal muss eine gute Pfanne mit ins Gepäck. Die Pancakes bringen auf jeden Fall Abwechslung in unseren Menüplan.

Ich beschäftige mich mit der Produktion von Broten - so kann man das inzwischen wohl nennen. Unser Brotkonsum ist zurzeit enorm, wir sind wirklich auf den Geschmack gekommen. Wenn das Wetter mitspielt, sind die Dinge so einfach. Schnell vergesse ich dann die Tage, an denen es nur geregnet hat und die Laune mies war. Manche Inseln sind von derart feinem hellem Sand, dass ich mir wie im Urlaub vorkomme. Gern würde ich an solchen Orten länger verweilen, aber da das Wetter unbeständig ist, möchte ich so kurz vor dem Ziel nichts riskieren. Wenn wir dann am Ende noch einmal in einen Sturm geraten, nur weil ich Inselurlaub machen wollte? Wir gönnen uns noch einen Kaffee in der Sonne am Strand, bevor es nach dem Abwasch weitergeht.

Die Distanz ist inzwischen auf 400 Kilometer geschrumpft. Bereits hier soll man die Auswirkungen der Gezeiten spüren können, habe ich gelesen. Ich kann mir zwar kaum vorstellen, dass das stimmt, aber wenn doch, würde es natürlich Sinn machen, neben den Windverhältnissen auch darauf zu achten und vor allem bei ablaufendem Wasser weiterzufahren. In der Wochenzeitung, die ich im letzten Dorf erstehen konnte, finde ich zwar eine Gezeitentabelle, aber die gilt natürlich nur für die Küste. Ich habe leider keine Idee, wie man die Daten auf unseren jetzigen Standort übertragen könnte.

Bei der Mittagspause diskutieren wir darüber. Das GPS-Gerät zeigt nur noch zwölf Meter über Normalnull an. Wir sitzen wunderbar erhöht auf einem Baumstamm. Einen Meter unter uns haben wir unsere Kochstelle eingerichtet. Wir sind abgelenkt und sehen deshalb erst sehr spät, dass ein Stachelschwein quer durch die aufgestellten Utensilien läuft. Es lässt sich weder durch unser Gespräch, noch durch das Feuer stören. Unbeirrt, aber nicht sehr schnell, läuft es an den Kochtöpfen und dem dreckigen Geschirr entlang.

„Hat es uns nicht gesehen? Das kann doch gar nicht sein, oder?"

„Vielleicht läuft es jeden Tag genau hier lang?"

„Ich hoffe nur, dass die Bären in dieser Gegend ein wenig sensibler sind."

Diese Region ist relativ dicht besiedelt, wenn man das so sagen darf. Manchmal sind es nur 40 Kilometer von einer Siedlung bis zur nächsten. Und so erreichen wir inzwischen fast jeden Tag einen neuen Ort. Viele russische Namen tauchen auf der Landkarte auf. Sie erinnern daran, dass Alaska einmal zu Russland gehört hat. Der Däne Vitus Bering nahm das Land für den Zaren in Besitz, als er 1728 im Auftrag von Peter dem Großen nach einer Landbrücke zwischen Sibirien und Amerika suchte. Die fand er nicht, aber immerhin trägt die Meeresenge heute seinen Namen. Erst 1784 siedelten sich die ersten russischen Trapper und Pelzhändler an. Innerhalb von 70 Jahren wurden viele Tierarten fast ausgerottet und das Gebiet war aus damaliger Sicht eigentlich wertlos. 1867 verkaufte man das Land für rund 7,2 Millionen Dollar an die Vereinigten Staaten. Die meisten hielten das für rausgeworfenes Geld. Die Meinung über den Kauf änderte sich erst, als man in Alaska Gold fand.

Die russische Besiedlung beschränkte sich auf einen breiten Küstenstreifen. Gold fand man jedoch vornehmlich im Landesinneren, und so sind wohl einige der alten Namen erhalten geblieben. Sie vermischten sich mit den englischen Namen und denen der Ureinwohner. Doch die allermeisten Anhöhen, Inseln und Seen tragen bis heute überhaupt keine Namen.

Russian Mission liegt fast wie ausgestorben vor uns. Niemand ist an der Anlegestelle zu sehen. Über aufgeweichte Straßen gehen wir an einigen Wohnhäusern leicht bergauf zum Rathaus, der City Hall. Allerdings ist auch dies nur ein zweckmäßiges Holzgebäude. Wir treten ein und stehen in einem Raum, in dem sich mehrere Tische und Bänke befinden. Hier wird normalerweise Bingo gespielt, stellen wir fest. Deutlich kleiner, aber aufgeräumt: die Büros dahinter. Eine sehr nette Mitarbeiterin schenkt uns erst einmal einen Becher Kaffee ein. Das Internet sei zurzeit allerdings „out of order", wie sie uns lächelnd erklärt.

Schräg gegenüber befindet sich ein größerer Laden, das einzige Gebäude im Ort, das im Moment über einen Interzugang verfügt. Tatsächlich darf ich kurz an den Rechner und einen Lagebericht nach Hause schicken. Auch eine Wetterprognose für die nächsten Tage erhalte ich - leider kommt nichts Gutes auf uns zu. Auf dem Rückweg zum Boot fällt uns auf, wie viele Sachen in den Vorgärten und hinter den Häusern liegen. Größtenteils handelt es sich dabei um kaputte Autos und Maschinen, Baumaterial, Spielzeug und elektronische Geräte.

Das Wetter klärt überraschend auf. Es wird sogar richtig warm. Wir holen die Sandalen noch einmal hervor. Der Mittagsstopp zieht sich deutlich in die Länge. Aber es hat so etwas Meditatives und Beruhigendes, vor dem Feuer zu sitzen, in der Hand einen Kaffee, und einfach nur auf das Wasser zu schauen.

Die Orte entlang des Flusses haben alle eine gewisse Ähnlichkeit. Die Häuser machen einen einfachen Eindruck, und ich frage mich, wie kalt es dort drinnen im Winter ist. Das Feuer im Ofen darf dann wahrscheinlich niemals ausgehen. Wenn man die Freiheit hier genießen will, muss man einfache und oft harte Lebensbedingungen in Kauf nehmen und auf vieles verzichten können. Dafür kann man Fischen, Jagen, Snowmobil fahren, es gibt keine Vorschriften. Die Menschen, die in der Wildnis aufgewachsen sind und für ein paar Jahre in die Stadt gehen, kommen meist wieder zurück. In der Stadt gebe es nicht viel zu tun, außer im Job, wenn man überhaupt einen bekommt, sagen sie. Sie langweilen sich dort.

Oft überrascht mich, wie sehr sich die Menschen hier für uns interessieren, wie hilfsbereit und fürsorglich sie sind. Teilweise ist es nicht möglich, etwas abzulehnen, sie bestehen förmlich auf ihre Einladung oder ein Versorgungsangebot. Ich habe dann immer das Gefühl, ein Nein wäre eine echte Enttäuschung für sie. Und ich genieße es ja auch sehr, dieses uneingeschränkte Vertrauen, wenn sie uns etwa ihr Haus zur Benutzung überlassen. Ich fühle mich jedes Mal innerhalb kürzester Zeit vollkommen integriert. So etwas wie Misstrauen gegenüber Fremden scheint nicht zu ihrem Alltag zu gehören. Ihr Motto scheint eher zu sein: „Du bist ein Mensch, ich bin ein Mensch und letztendlich sind wir eine Familie, die sich gegenseitig hilft."

„Was glaubst du, kommen wir rechts durch?" Sandbänke sind vor uns aufgetaucht.

„Ich glaube nicht. Schau mal, wie viele Bäume da schon drinhängen."

Die umgestürzten Bäume sind immer ein weithin sichtbares Zeichen, dass es dort Untiefen gibt. Aber mit unserem geringen Tiefgang kommen wir meistens an einer solchen Stelle trotzdem noch weiter. Wenn aber nicht, so wie gestern, dann heißt es schieben und zerren, bis das Boot wieder frei ist. Heute entscheiden wir uns, dem Gebiet weiträumig auszuweichen.

Für zwei Stunden begleiten uns steile Felswände auf der einen Flussseite. Sie sind teilweise mit schönen, orangefarbenen Flechten bewachsen. In mehreren Metern Höhe klammern sich Bäume an den Wänden fest. In einer kleinen Bucht nutze ich die Chance, uns noch einmal auf dem Wasser zu filmen. Wir landen an, bauen die Kamera auf und paddeln vielleicht fünfzig Meter gegen die Strömung zurück. Inzwischen geht das ganz gut. Als wir aus dem Bild heraus sind, wenden wir das Kanu und kommen nun ganz entspannt auf die Kamera zugefahren. Nachdem wir durch das Bild gefahren sind, muss das Boot natürlich wieder gewendet werden, um die Kamera wieder einzuladen. Eine Aktion, die mir immer ein wenig Herzklopfen verursacht. Ein recht großer Aufwand für eine Sequenz, die nachher nur wenige Sekunden im Film zu sehen ist. Und natürlich kommt mir immer der Gedanke, wir könnten es nicht wieder zurück schaffen und die Kamera ist verloren.

Die wohl letzten Berge tauchen vor uns auf. Direkt dahinter macht der Yukon einen scharfen Rechtsknick. Hier kann es durch Wind und Wellen sehr ungemütlich werden. Aber es geht alles gut. Der südlichste Punkt auf diesem Abschnitt ist erreicht, jetzt geht es immer in Richtung Nordwesten.

Die große Insel, die auf der Karte verzeichnet ist, existiert nicht mehr. Schade, die wollten wir eigentlich als Nachtquartier ansteuern. Schon seit vielen Kilometern gibt es wegen einer etwa zwei Meter hohen und fast senkrechten Uferkante keine Chance, irgendwo anzulegen. Und selbst wenn das gelingen sollte, stehen die dünnen Bäume oben dicht an dicht und lassen kaum Platz für ein Zelt. Der Blick auf die Landkate offenbart außerdem, dass sich hinter der Uferkante Sümpfe und Seen befinden - und das teilweise über 100 Kilometer weit bis zur nächsten Erhebung. Man kommt dort nur im Winter durch, wenn alles zugefroren ist. Wahrscheinlicher aber ist, dass hier weite Gebiete noch nie ein Mensch betreten hat.

„Noch 260 Kilometer", schätze ich. Wie üblich schalten wir das GPS-Gerät ein und nehmen vor dem Einschlafen unsere Messung vor.

„Da sollten wir uns wohl langsam auf den Abschied einstellen", meint Simone. „Wenn uns kein Sturm bremst, brauchen wir vielleicht noch sechs Tage ..."

Sie hat recht. Es kommen zwar noch ein paar schwierige Stellen, aber das wir es vielleicht nicht schaffen würden, daran denken wir beide schon lange nicht mehr.

Einmal habe ich in einem Buch von Bärenspuren „so groß wie Klodeckel" gelesen. Das ist natürlich ziemlich übertrieben. Aber die Spuren, die wir heute gesehen haben, waren auch nicht ohne. Für ein Foto habe ich meinen Fuß daneben gesetzt, der doch recht niedlich neben dem des Bären aussah.

Marshall gehört definitiv wieder zu den angenehmeren Orten. Keine Betrunkenen, aber nette Kinder, die für ein Foto posieren. Wir kommen mit George Hunter ins Gespräch. Sein Großvater ist 1923 aus Deutschland nach Alaska ausgewandert. Er hat hier ein Jagd- und Waffengeschäft gegründet. Das ist insofern interessant, weil der deutsche Nachname „Hunter" im englischen „Jäger" bedeutet. Sein Enkel führt den Laden nun in der dritten Generation.

„Ich bin gerne hier", antwortet er auf meine Frage, ob es in dieser Gegend nicht ein bisschen einsam wäre. „Wir sind viel in der Umgebung unterwegs. Im Sommer fischen wir und im Herbst gehen wir auf die Jagd. Ein- oder zweimal im Jahr fliege ich nach Fairbanks. Das reicht mir. Ich bin dort zur Schule gegangen. Leben möchte ich dort nicht."

Wieder erleben ich hier, wie einfach und selbstverständlich es ist, mit den Menschen am Fluss in Kontakt zu kommen. Zwei Kindern mit den Namen Landing und Kaden haben wir es besonders angetan, sie weichen uns nicht mehr von der Seite. Sie strahlen bis über beide Ohren, wenn wir ein Foto machen. Eine Gruppe von Frauen kommt uns entgegen und fragt, ob wir mitkommen wollen zum Bingo, das sei immer sehr lustig, oder ob wir etwas essen wollen, sie hätten noch etwas von ihrem Mittagessen übriggelassen. Schon wieder diese unmittelbare Offenheit und Hilfsbereitschaft. Obwohl uns das schon so oft passiert ist, bin ich doch wieder erstaunt und mich beschäftigt noch lange die Frage danach, woher das kommt. In dieser Form habe ich das noch an keinem anderen Ort der Welt erlebt. Ich würde nicht so reagieren, würde die Fremden erst einmal kennenlernen wollen, bevor ich ihnen etwas anböte.

Gerne wären wir noch länger geblieben. Aber ausgerechnet heute haben wir Rückenwind. Das ist hier ziemlich selten, und so wollen wir die restlichen Stunden Tageslicht nutzen. Inzwischen haben wir den Rhythmus wieder umgestellt. Der Gegenwind war in den letzten Tagen nicht mehr so stark und nachts wird es auch wieder richtig dunkel, sodass Nachtfahrten nicht mehr notwendig und auch je nach Bewölkung nicht mehr möglich sind.

Der Rückenwind schläft allerdings bald ein und es beginnt ein feiner Dauerregen, der die ganze Nacht anhält und auch am Morgen nicht nachlässt. Einfach war es gestern nicht, einen Lagerplatz zu finden. Bei der Einmündung eines kleinen Nebenarms fand sich eine Anhöhe. Das Boot allerdings mussten wir im Wasser liegen lassen. Zum Heraufziehen war das Ufer zu steil. Ein paar Meter hinter dem Zelt beginnt wieder der Wald, der hier allerdings recht licht ist. Überall zwischen den dünnen Bäumen wächst eine Pflanze, die ich als Elefantengras kenne. Hier heißt sie jedoch sinnigerweise Bärengras. Durch den Regen sieht es noch saftiger, noch frischer aus. Die vielen Bäume ermöglichen es uns, dass wir dazwischen die zweite Plane als Dach spannen können. Sie ist am Rand mit verstärkten Löchern versehen, in die wir die Spanngurte einhaken können. Diese wickeln wir um die Bäume und ziehen die Plane straff. Unter der Fläche von drei mal vier Metern haben wir unsere Küche aufgebaut und unser „Esszimmer" ebenfalls.

„Eigentlich ist das jetzt nicht gerade so, wie es im Lehrbuch steht", merkt Simone an.

Stimmt, aber wir haben hier nicht genug Platz für die vierzig, fünfzig oder mehr Meter, die eigentlich zwischen Lebensmitteldepot, Kochstelle und Zelt liegen sollten. Und so hat sich die Diskussion erledigt.

Der Nebel ist inzwischen so dick, dass wir das andere Ufer des Flusses nicht mehr sehen können. Der Blick verliert sich dort, wo Wasser und der Himmel ineinander übergehen. Trostlos sieht es aus: Kein Anfang, kein Ende.

Auch beim Paddeln ändert sich das Bild kaum. Wenn nicht das rechte Ufer, an das wir uns halten, langsam vorbeigleiten würde, könnte man meinen, man bewegte sich auf der Stelle.

Als der Regen stärker wird, wollen wir eine Pause einlegen. Doch bevor wir eine geeignete Anlagestelle gefunden haben, lässt er wieder nach. So ergeht es uns gleich mehrfach in den nächsten Tagen.

Da das Zelt nun mehrere Tage im Regen abgebaut und verstaut wurde, ist es von außen und von innen nass. Auch scheint die Bodenplane Wasser durchzulassen. Die Isomatten sind morgens meistens von unten nass. Zu allem Überfluss bricht auch noch eine Stange beim Aufbau. Glücklicherweise hatte ich an Ersatzstangen und Reparaturhülsen gedacht.

Meine Moral ist nicht mehr die Beste. Ich habe gerade überhaupt keine Lust mehr, alles ist nass, von innen, von außen, von oben, von unten ... „Schlechtes Wetter" nennen wir inzwischen starken Regen und Wind, „gutes Wetter" ist leichter Regen und Wind. Noch besseres ist nur leichter Regen ohne Wind - mehr erwarten wir schon gar nicht mehr.

Lange haben wir im strömenden Regen und bei starkem Wind, also ziemlich schlechtem Wetter, nach einer Anlegestelle gesucht. Doch überall ist nur Steilküste, es geht immer weiter und weiter, meine Arme schmerzen und die Regenhose verliert ihre eigentliche Funktion Ich bin durchgeweicht wie ein nasses Handtuch. Der Wind ist kalt und trotz Handschuhe, Mütze und Schal fange ich an zu frieren. Ich kann diesem ganzen Unternehmen plötzlich überhaupt nichts Positives mehr abgewinnen. Die kaputte Zeltstange gibt mir den Rest. Bis sie repariert ist, ist das, was vor einer halben Stunde noch trocken war, ebenfalls nass.

Mein Retter kommt in Form meines auf wundersame Weise noch immer trockenen Schlafsacks daher. Wenn der auch noch nass wäre ... ich glaube, ich würde das nächste Buschflugzeug anheuern. Meine Füße fühlen sich wie Eisklumpen an, es dauert, bis mir wieder richtig warm wird.

Einigermaßen wieder hergestellt, bin ich doch wieder offen für Positives: Trotz des miesen Wetters haben wir 36 Kilometer geschafft, das bedeutet, dass wir in vielleicht vier Tagen an der Beringsee sein könnten. Das werde ich ja wohl auch noch schaffen! Aufgeben so kurz vorm Ziel kommt nicht in Frage. Solange keiner von uns krank wird und der Fluss uns lässt ... Ich sehe uns schon frisch geduscht mit einem dampfenden Kaffee in der Hand in einem gemütlichen, warmen Restaurant sitzen. Das ist doch ein lohnenswertes Ziel. Getröstet von dieser Aussicht schlafe ich wunderbar ein.

Hand, Handgelenk und Ellenbogen tun mir inzwischen jeden Morgen weh. Bei Wind und Wellen, mit denen wir nun wieder regelmäßig zu kämpfen haben, ist der Kraftaufwand deutlich größer. Morgens kann ich kaum die Finger krümmen. Ich brauche erst einige Minuten Fingergymnastik, bevor das wieder geht.

Ein Kanal zur rechten Seite wäre eine tolle Abkürzung. Zumindest dann, wenn er noch genauso verläuft, wie auf der Karte von 1956. Wenn nicht, wenn er also z.B. versandet ist, müssen wir eventuell mehrere Kilometer wieder zurück oder das Boot ziehen, was in dem Schlick kaum möglich ist. „Bitte keine Experimente!", lautet die Antwort von vorne auf meinen Vorschlag.

In Pilot Station müssen wir dringend Kekse nachkaufen. Die gehen zur Neige, aber alles andere haben wir noch. Wir haben vor Tagen begonnen, auch unsere Notration anzubrechen. Die eingeschweißte Fertignahrung ist eine willkommene Ergänzung. Wir rechnen nun nicht mehr damit, dass wir vor unserem Ziel noch einmal für längere Zeit festsitzen werden.

Nach ein paar Fotos von der schönen russischen Holzkirche kommen wir gerade rechtzeitig zur Anlegestelle, als das Frachtschiff ankommt. Viele Bewohner des Ortes, alte und junge, stehen am Ufer und schauen zu. Nur ein paar Mal im Jahr können sie dieses Ereignis miterleben.

Während der Mittagspause kommt tatsächlich nach Tagen wieder einmal die Sonne durch. Abends können wir auch wieder ein Feuer machen. Erstaunlich, wie schnell das ausgeblichene Treibholz abtrocknet. Unsere Gasvorräte haben in den letzten Tagen auch schneller als erwartet abgenommen. Nun nutzen wir die Gelegenheit, um noch einmal Brot zu backen.

Mit dem guten Wetter kommen auch die Moskitos wieder hervor. Der Gang zur Toilette endet in der Regel mit zwei neuen Stichen an Stellen, an denen man sie wirklich nicht haben möchte. Die Biester haben keinen Respekt.

Die Wetterbesserung war leider nur von kurzer Dauer. Wir können zwar die ersten Häuser des nächsten Ortes in vielleicht sieben oder acht Kilometern Entfernung schon sehen, aber der Regen trommelt hartnäckig auf das Zeltdach. Es gibt also einmal wieder Frühstück unter der Plane, die inzwischen ein unentbehrlicher Ausrüstungsgegenstand geworden ist. Mit Schlafen, Schreiben und dem Durchschauen der Speicherkarten des Fotoapparats verbringen wir die nächsten Stunden.

Am Nachmittag werde ich unruhig. Als aktiver Mensch kann ich mit diesen unproduktiven Zwangspausen nicht gut umgehen. Ich gehe raus und sehe nach dem Kanu. Es hat sich eine ganze Menge Wasser im Boot angesammelt. Aber das Leerschöpfen ist mit dem aufgeschnittenen Plastikkanister kein Problem. Wenn nur nicht so viel von oben nachkommen würde ...

Auch der nächste Tag ist erst einmal nicht besser. Der Wecker geht um sechs Uhr. Es regnet, wir bleiben liegen. Unglaublich, wie wir hier vom Wetter abhängig sind. Wenn man sich in einer Stadt aufhält oder mit dem Auto unterwegs ist, stört einen schlechtes Wetter natürlich auch. Dennoch kann man sich fast normal bewegen. Selbst zu Fuß, mit einem Regenschirm in der Hand, beeinträchtigt so ein Landregen kaum. Hier jedoch werden wir komplett ausgebremst. Die Abhängigkeit trifft sowohl auf die praktischen Tätigkeiten, als auch auf unsere Stimmung zu.

Zum Glück hört der Regen im Laufe des Vormittags auf. Das Abbauen des Lagers geht schnell - und endlich sind wir wieder auf dem Fluss.

Der Yukon prallt mehr oder weniger direkt auf die Andreafsky Hills, zu deren Füßen der Ort Pitkas Point liegt. Von rechts mündet der Andreafsky River. Nach der Linkskurve nimmt der Wind zu. Die Wellen kommen von schräg links, der starke Wind nun überraschenderweise von hinten. So „rasen" wir dahin. Das Steuern ist allerdings recht schwierig. Nur wenn wir beide links paddeln, können wir den Kurs gerade so halten. Das Kanu hat die Tendenz, sich quer zu stellen. Wir bekommen immer wieder Wasser ins Boot. Mal klatscht eine Welle bei Simone über den Bug, meistens einfach seitlich gegen die Bordwand. Allerdings muss ich alle zwanzig Minuten Wasser schöpfen, weil es sich meistens unter meinem Sitz, dem tiefsten Punkt im Boot, sammelt. So reiten wir über die unruhige See.

„Ich kann nicht mehr links paddeln, ich muss mal die Seite wechseln", sagt Simone.

Alleine schaffe ich es jedoch nicht, beim Paddeln das Kanu gerade zu halten. So beschränke ich mich aufs Gegensteuern, indem ich mit viel Kraft das Paddel tief einsteche und gegen die Bootswand drücke. Trotz dieser widrigen Umstände gelingt mir tatsächlich eine Filmsequenz. Die ist mir wichtig, wir können schließlich nicht nur gutes Wetter zeigen. Pitkas Point haben wir nicht angesteuert und erreichen in Rekordzeit den 25 Kilometer entfernt liegenden Ort Mountain Village.

„Mann, das war ein Ritt!" Mit vereinten Kräften ziehen wir das Boot hoch auf den Strand. Wir sind ganz schön aus der Puste. Außer einem Dutzend Hunde hat keiner unsere Ankunft registriert. Im Laden wärmen wir uns etwas auf. Im Tribal Office (Amt für die Belange der Ureinwohner) können wir ins Internet. Inzwischen gilt unser Hauptinteresse nicht mehr den E-Mails, sondern der Wettervorhersage.

„Unverändert, Wind und Regen für die nächsten Tage."

„Okay, dann lass uns einen Zeltplatz suchen."

Ich bin einverstanden. Die Wellen waren zum Schluss doch ziemlich hoch. Wir hoffen, am Ortsrand etwas zu finden. Einfach ist das nicht, denn wenn wir zu weit fahren, können wir nicht mehr zu Fuß zum Ort zurückgehen. In einem kleinen Wäldchen finden wir eine gute Stelle. Schnell ist das Bärengras niedergetreten. Die Bäume halten den Wind ab und wir können sogar unsere Plane aufspannen, was sonst vermutlich nicht gegangen wäre.

Wir kochen in Ruhe. Es waren heute zwar nur knapp 35 Kilometer - was aber bei diesen Bedingungen nicht schlecht ist. Gut 100 sind es jetzt noch. Wir sind uns sicher - wir werden es schaffen! Dabei hätte die Reise vor ein paar Minuten noch zu Ende sein können. Beim Entladen des Kanus stellte ich fest, dass die Zeltstangen fehlen. Bange Sekunden folgten, in denen ich mich quer durch das Gepäck wühlte. Doch, da sind sie. Sie waren nur aus der Tasche gerutscht und hinter eine Kiste gefallen. So ein Glück, denn ohne Zeltstangen kein Zelt und die Tour wäre augenblicklich zu Ende gewesen. Hier, in der Nähe des Dorfes, wäre das nicht weiter schlimm, draußen aber könnte das durchaus dramatisch sein.

Nachts wache ich auf. Der Wind heult in den Bäumen, aber das Zelt steht sehr geschützt. Dicke Tropfen trommeln auf das Dach. Aber irgendetwas schnauft da draußen, da bin ich mir sicher. Es fällt mir schwer, beim Tosen der Brandung das Geräusch zu orten. Müde wie ich bin, schäle ich mich aus dem Schlafsack und stecke vorsichtig den Kopf aus dem Zelt. Das Geräusch wird augenblicklich deutlich leiser. Dann weiß ich plötzlich, was es ist: Simone schnarcht leise in ihrem Schlafsack.

Direkt an unserem Zeltplatz führt ein kleiner Weg entlang. Bereits gestern kamen zwei junge Leute vorbei. Für einen Moment empfinde ich das Zelten nicht mehr als Privileg, sondern als Notlösung. Mit unserem ganzen Krimskram um uns herum und der Feuerstelle komme ich mir plötzlich wie ein Obdachloser vor. Das Gefühl vergeht zum Glück wieder. Aber interessant, wie unterschiedlich die gleiche Situation sich anfühlen kann.

Wieder kommt Besuch. Ein älterer Mann auf einem Quad hält neben uns. Er stellt sich als Joe (📷 Seite 37) vor und lädt uns zu sich zum Kaffee ein. Wir freuen uns sehr darüber, wollten sowieso gerade in den Ort gehen. Etwa einen Kilometer auf der gut ausgebauten Straße ist es bis in die Siedlung. Eine angenehme Abwechslung, mal wieder zu Fuß zu gehen.

Viel zu tun haben wir in dem Ort natürlich nicht. So führt uns unser Weg wieder ins Tribal Office und an den Computer. Offiziell darf man nur 15 Minuten am Rechner sitzen. Das Abfragen von E-Mails ist eigentlich auch nicht erlaubt. Nur für die Suche nach einer Arbeitsstelle darf man ins Internet, steht extra auf einem Schild zu lesen. Entweder gibt es aber keine Arbeit - oder keine Arbeitssuchenden, denn niemand außer uns scheint den Computer benutzen zu wollen. Die Bevölkerung besteht eigentlich ausschließlich aus Inuit. Weiße Amerikaner sehen wir nicht.

Zwei Angestellte um die dreißig fragen uns, woher wir kommen. Vor allem aber interessiert sie brennend, wo wir die Nacht verbracht haben. Es gibt schließlich kein Hotel im Ort.

„Wir zelten", antworte ich auf ihre Frage.

„Nein!", entgegnen sie entsetzt.

„Unten am Fluss."

„Nein!" Die beiden Frauen zeigen eine Mischung aus Ungläubigkeit und Entsetzen.

„Habt ihr keine Angst vor Bären?"

Jetzt sind wir dran: „Nein."

„Habt ihr eine Waffe dabei?"

„Nein."

Wieder ungläubiges Entsetzen. Nein, so etwas würden sie niemals machen. Viel zu gefährlich!

So, wie die beiden Frauen gekleidet sind, werden sie vermutlich sowieso nie in einem Zelt schlafen, auch wenn das noch für ihre Eltern sicherlich nichts Ungewöhnliches war. Und ich habe das Gefühl, wir wissen inzwischen mehr als sie über das Verhalten von Bären und darüber, wie man ihnen gegenüber reagieren sollte.

Jetzt aber zu Joe. Er wohnt in der Nähe der Tankstelle, hat er uns gesagt. Seinen Trailer finden wir mühelos. Er sieht von außen aus, wie viele der Häuser hier: Etwa fünfzehn Meter lang und drei Meter breit, auf Holzbohlen aufgebockt mit allerlei Gerümpel darunter. Vor die Eingangstür ist ein kleiner Windfang gesetzt.

Joe erwartet uns bereits und setzt gleich Kaffee auf. Von innen wirkt der Trailer größer, als er von außen aussieht. Er ist allerdings in keinem guten Zustand. Ein Fenster ist blind und an der Decke kann man sehen, dass es schon mehr als einmal durchgeregnet hat. Allerdings hat er alles da - vom Fernseher über Telefon, einen großen Herd und eine Mikrowelle. Aber es gibt kein fließend Wasser. Dass muss er in Kanistern selber holen. Auf der Anrichte über dem Herd stehen sechs Fertigsuppen, ähnlich den 5-Minuten-Terrinen in Deutschland. Zwei davon macht er uns heiß. Auf meine Frage, ob er nichts essen möchte, antwortet er, dass er das Essen der Weißen eigentlich nicht mag. Er isst lieber das, was er selber gejagt hat. Beschränkungen für die Jagd gibt es übrigens für ihn als Angehöriger der First Nation so gut wie keine.

„Seit acht Jahren bin ich nun Rentner. Ich habe lange auf dem Bau gearbeitet und bin froh, dass das vorbei ist. Hier im Ort ist es mir allerdings zu laut und ich würde gerne auf mein eigenes Stück Land ziehen, das ein paar Meilen östlich von hier liegt. Aber es gibt im Ort kein Fahrzeug, das meinen Trailer dorthin transportieren kann. So einen Lkw muss man anfordern und der wird dann mit dem Lastkahn gebracht. Die Stadtverwaltung verspricht mir das ja schon lange, aber bisher ist nichts passiert."

Schon zum zweiten Mal wird er durch das Klingeln des Telefons unterbrochen. Während des Gesprächs wechselt er jeweils nach einigen Sätzen vom Englischen in die Sprache der Inuit. Beide Male sind es Leute aus dem Ort, die sich bei ihm Geld leihen wollen, erzählt er hinterher. Aber er gibt jetzt nichts mehr. Kaum jemand zahlt nämlich etwas zurück.

Mountain Village ist eigentlich auch wieder ein „trockener" Ort. Doch viele der Bewohner brauen zu Hause Schnaps. Ein Liter kostet etwa zwölf Dollar. Der Grund dafür ist, dass jeder, der als Flugpassagier Alkohol einschmuggelt, hart bestraft wird. Er rührt schon lange keinen Tropfen Alkohol mehr an, erzählt er. Seine Mutter und sein Stiefvater waren Trinker.

„Und wenn meine Tochter oder mein Sohn betrunken vor der Tür stehen, dann lasse ich sie nicht rein."

Seine Frau ist schon vor 17 Jahren gestorben, erzählt er weiter. Manchmal sei er etwas einsam. Ein Zimmer steht leer. Wenn wir wollen, dürfen wir gerne bei ihm übernachten. Wir aber haben uns so an das Zelt gewöhnt, dass uns trotz Regen das Angebot nicht verlockend vorkommt. Vielleicht ist es aber auch die Tatsache, dass wir alles hierherbringen müssten oder unsere Sachen am Zeltplatz unbeaufsichtigt bleiben würden.

Er will uns unbedingt eine Postkarte zu Weihnachten schicken und wir sollen ihn wieder einmal besuchen kommen. Aber wird es uns jemals wieder in ein winziges Dorf mitten in Alaska namens Mountain Village verschlagen?

Joe ist auch einer der herzensguten Menschen, den ich in Erinnerung behalten werde. Als er erfährt, dass wir schon eine Nacht im Ort sind, ist er sichtlich enttäuscht, uns erst heute sein Quartier anbieten zu können. Mit seinen 69 Jahren lebt er allein in seinem Trailer und man spürt seine Einsamkeit. Nachdem er uns Kaffee gemacht hat und in seinem bescheidenen Heim überall unsere Sachen zum Trocknen liegen, verschwindet er, um noch etwas zu besorgen. Wir sollen uns solange ein Video anschauen. „Was für ein Video?", fragen wir. „The Eskimo Dancer", sagt er stolz. Es gibt jedes Jahr Zusammenkünfte der Inuit, bei denen sie gemeinsam ihre Rituale pflegen und traditionelle Tänze aufführen. Joe ist auch immer mit dabei und filmt die Zeremonie. So sitzen wir mit unserem Kaffee auf seinem kleinen Sofa und sehen uns Tänze an, die mich an die von Indianern erinnern.

Für westliche Verhältnisse wäre dieser in die Jahre gekommene Trailer ein unzumutbarer Wohnort. Überall hängen offene Kabel herum, die Decke ist mit Pfosten abgestützt, ein WC ist vorhanden, aber die Schüssel besteht aus einer Plastiktüte, da ja kein fließendes Wasser vorhanden ist. Ich muss dann leider auch einmal dorthin, Hier, mitten im Dorf, kann ich ja schlecht vor die Tür gehen.

Kurze Zeit später kommt Joe auf seinem Quad zurück, er hat Kuchen für uns besorgt. Der ist hier sehr teuer, aber wir sollen ihn unbedingt essen.

Ab und an fliegt er für 200 Dollar von St. Marys nach Anchorage, um seine Tochter zu besuchen und einen Großeinkauf zu machen. Hier ist alles etwa dreimal so teuer, sagt er. Während wir essen, erzählt Joe von seinem

Leben und seiner Familie. Die Schule hat er nur bis zur 3. Klasse besucht, kann von daher kaum lesen und schreiben. Ich frage ihn, ob er uns etwas in der Sprache der Inuit erzählen würde, weil sie so einen schönen Klang hat. Ein Wort merke ich mir: „Guyana", das heißt „danke". Dann will er los, weil er noch mit einem Freund verabredet ist. Er lässt die Tür auf, damit wir nachher wieder reinkommen. Wir sollen unbedingt bei ihm übernachten.

Mir tut es fast ein wenig leid, dass das Wetter wieder gut geworden ist und wir uns für die Weiterfahrt entscheiden. Jetzt sind es nur noch 100 Kilometer, eine Endspurtstimmung stellt sich ein. Da meine Sachen bei Joe alle trocknen konnten und mir wieder richtig warm geworden ist, geht alles gleich viel leichter.

Drei Stunden Paddeln bei leichtem Regen bringen uns wieder zwanzig Kilometer näher ans Ziel. Ein Platz für die Nacht ist schnell gefunden. Allerdings stürzen sich heute zur Abwechslung wieder die Moskitos auf uns. Das Thema hatte ich eigentlich schon abgehakt. Begleitet werden die Moskitos heute von Hunderten kleiner Fliegen.

Nachdem heute Morgen der Reißverschluss der großen Packtasche nicht mehr wollte, geht jetzt schon der zweite Reißverschluss am Zelt kaputt. Mit dem Taschenmesser schneide ich ihn kurzerhand ab, um wenigstens die darüberliegenden Reißverschlüsse benutzen zu können. Es wird wirklich Zeit, dass wir ankommen.

13. Endspurt mit Hindernissen

Regen und vor allem dichter Nebel waren Schuld daran, dass wir eine Abzweigung verpasst haben. Inzwischen sind die Dimensionen der Seitenarme, der Inseln und Durchfahrten so groß, dass wir vieles vom Kanu aus nicht mehr abschätzen können. Wir sitzen einfach zu niedrig, um den Überblick zu behalten. Sind es zwei oder drei Kilometer bis zum anderen Ufer? Ist dies der Hauptstrom? Da vorne, ist das das Festland oder wieder nur eine Insel?

Einfach quer über den Yukon wollen wir nicht paddeln. Zu breit, das Wetter zu unberechenbar und in dem Nebel ist das andere Ufer nicht zu erkennen. Ohne Sichtkontakt könnten wir stundenlang paddeln, ohne anzukommen. Doch der rechte Arm, der auch ziemlich breit ist, führt nicht nach Emmonak, dem wichtigsten Ort im Delta, unserem Zielpunkt. Dieser Arm des Flusses fließt weiter in Richtung Norden und würde uns irgendwann in die Beringsee ausspucken - allerdings meilenweit von unserem Ziel entfernt und fernab jeglicher Ansiedlung.

„Das GPS sagt eindeutig, das wir hier falsch sind. Aber ich habe nicht erkennen können, wo wir uns hätten links halten müssen. Auf der Karte sah alles ganz einfach aus."

„Vergiss nicht, die ist von 1956. Gerade hier im Delta kann sich viel verändert haben."

Das Bild vor mir passte einfach nicht zur Karte. Aber eine Chance haben wir noch. Hinter der nächsten Insel soll es einen kleinen Durchlass geben, der zum Hauptstrom zurückführt.

„Den müssen wir finden, wenn es ihn noch gibt."

„Und wenn es ihn nicht mehr gibt?"

„Dann müssen wir wohl etwa fünf Kilometer gegen die Strömung zurück zur verpassten Abzweigung."

„Das schaffen wir nicht!" Die Verzweiflung in Simones Stimme ist unüberhörbar.

Doch wir finden den Durchschlupf. Er existiert tatsächlich noch und ist mit gut 100 Metern auch deutlich breiter als erwartet. Doch in die Erleichterung mischt sich Erschrecken. Ich habe, ohne wirklich einen Grund zu haben, damit gerechnet, dass das Wasser von hier in den Hauptstrom fließen würde. Stattdessen fließt es von dort in unseren Nebenarm. Das heißt, auch hier müssen wir gegen die Strömung paddeln!

Wir nehmen den Kampf auf, halten uns immer dicht an der linken Seite. Hier ist das Wasser ruhiger, es ist flach und wir können für eine Pause anlegen. Auch wenn die Strecke nur rund anderthalb Kilometer lang ist, setzt sie uns ganz schön zu. Nach einer guten Stunde kämpfen erreichen wir den Nebenarm, der nun wieder in die richtige Richtung fließt. Aber noch ist nicht alles gewonnen. Eine flache Insel liegt vor uns. Sie ist so gebogen, dass wir - wenn wir jetzt versuchen sollten, den eben benutzten Flusslauf zu queren - eventuell wieder zurückgetrieben werden. Das wollen wir auf keinen Fall riskieren.

Da wir die Insel aber auch nicht links, also gegen die Strömung umfahren können (dafür ist sie zu lang), bleibt uns nur eine Möglichkeit: Anlegen, alles ausladen und auf der anderen Seite der Insel wieder „in See stechen". Glücklicherweise ist die Insel mehr eine Sandbank und so können wir zumindest das leere Kanu über die etwa 300 Meter zur anderen Seite ziehen.

Bei der Vorstellung, einige Kilometer gegen den Strom zurückpaddeln zu müssen, fühlte ich mich so richtig mies. Würde das überhaupt gehen? Wie lange würden wir dafür brauchen? Matthias sagte einfach, es muss gehen. Ich sah die herannahende Kapitulation mit großen Schritten auf mich zukommen.

Ich glaube nicht daran, dass das zu schaffen ist, und wenn überhaupt, würden wir Tage dafür brauchen. Dabei hatte ich vor Kurzem noch gedacht, dass uns jetzt nichts mehr aufhalten kann. Und dann die Riesenerleichterung, als nach der nächsten großen Sandbank der Kanal zu sehen war.

Aber wenn man denkt, es kann nur besser werden, kommt es doch wieder anders! Es geht schon wieder nicht weiter. Die ganze Ausrüstung und das Kanu müssen über eine große Insel geschleppt werden - was für eine Plackerei! Was für ein emotionales Auf und Ab mich bei dieser Aktion packt. Manchmal wundere ich mich, dass Matthias und ich uns nicht allein schon wegen der Erschöpfung in den Haaren liegen!

Seit Langem ist mir mal wieder richtig warm, aber trotzdem reicht es mir für heute. Hoffentlich sind wir bald da! Ich muss mir selbst Mut zusprechen, um nicht das Paddel „in die nächste Ecke" zu schmeißen.

Nach einer Stunde Fahrt stecken wir fest. Das Wasser war schon eine Weile sehr flach, und nun hängen wir mal wieder auf einer Sandbank. Laut Karte sollen noch mehrere große Sandbänke folgen, und da wir uns sowieso schon fast in der Mitte des Stroms befinden, beschließen wir, noch einmal auf die andere Seite zu fahren. Eigentlich wollten wir das ja nicht mehr, aber es ist im Moment fast windstill und der Nebel hat sich aufgelöst. Es regnet immer mal wieder - aber das registrieren wir inzwischen kaum noch.

Das war heute sicherlich einer der anstrengendsten Tage der Tour, stellen wir übereinstimmend beim Abendessen fest. Die kleinen schwarzen Fliegen, die uns schon seit Tagen ärgern, sind heute dazu besonders zahlreich. Da sie auch beißen, haben wir unseren Gesichtsschutz auf. Und so stürzen sie sich auf unser Essen, sitzen zu Dutzenden auf der Margarine und ertrinken zahlreich in unserem Teebecher. Sie sind glücklicherweise geschmacksneutral und werden einfach mitgegessen. Eine andere Möglichkeit gibt es auch gar nicht.

Als wir schon im Zelt liegen, besucht uns noch einmal ein Elch. Vorsichtig stakst er mit seinen langen Beinen durchs Unterholz und hält dabei die ganze Zeit Blickkontakt. Noch 30 Kilometer. Werden wir die vielleicht schon morgen schaffen?

Wohl ein letztes Mal machen wir die Handgriffe, die uns über die Wochen so vertraut geworden sind: Heringe und Stangen herausziehen und das Zelt zusammenrollen, Schlafsäcke und Isomatten in die große wasserdichte Tasche, Geschirr abwaschen und zusammen mit den Resten vom Frühstück in den blauen Tonnen verstauen. Das Feuer ausmachen, das Grillrost und den Klapptisch zum Kanu tragen, genau wie auch alle anderen Sachen. Das Verstauen der Gegenstände funktioniert routiniert und ohne Worte. Zum Schluss kommt die Plane als Regenschutz oben drüber und alles wird mit den Spanngurten verzurrt. Pünktlich zur Abfahrt beginnt es wieder zu regnen, aber wir haben zumindest alles trocken einpacken können.

Wir passieren die Sunshine Bay - haben aber nicht viel übrig für die Ironie. Wir konzentrieren uns auf die letzte Überquerung des Yukon, denn der Kanal, der uns nach Emmonak bringt, zweigt später wieder rechts ab.

Es klärt tatsächlich ein wenig auf und ich würde gerne noch einige Filmaufnahmen machen. Das Filmen ist in der letzten Zeit aufgrund des Wetters ein wenig zu kurz gekommen. Wir legen also an und Simone setzt sich nach hinten. Wenn sie hinten sitzt, geht immer eine merkwürdige Veränderung in ihr vor: Plötzlich ertönen Befehle, was ich zu tun und zu lassen habe. Wenn sie vorne sitzt, ist sie eigentlich immer ganz entspannt.

Rechts biegt nun unser Seitenarm vom Hauptstrom ab. Einige kleine Fischerboote sind uns heute schon begegnet, und jetzt tauchen am Horizont ein Kran und ein großes Schiff auf. Spätestens jetzt wissen wir, das wir überall richtig abgebogen sind und es auch definitiv schaffen werden.

Wir fühlen uns aber noch nicht bereit, gleich bis zum Ort zu paddeln, sondern legen noch einmal an und kochen uns etwas. Wir wollen uns langsam daran gewöhnen, dass wir fast am Ziel sind.

Eigentlich hatte ich schon richtig die Nase voll vom Yukon. Kurz vor dem Ziel blicke ich einmal auf die Tour als Ganzes zurück. Das Erlebte in der Wildnis war eine tolle Erfahrung, trotz all seiner Widrigkeiten. Für einige Wochen ist der Fluss mein Zuhause geworden. Ich sträube mich jetzt innerlich gegen das plötzliche Ende. Der Tausch des Yukon gegen die Zivilisation steht an. Ich will eigentlich nicht tauschen, aber ich will auch nicht mehr frieren und nass sein. Mit gemischten Gefühlen sitze ich im Kanu, um die letzten Kilometer nach Emmonak zu paddeln. Die Stadt wirkt groß und sieht nicht einladend aus.

Oft habe ich mich in den letzten Wochen gefragt, wie es wohl sein wird, wenn wir im Hafen anlegen. Wie werden wir uns fühlen? Wird unsere Ankunft bemerkt werden? Zumindest Letzteres können wir schon einmal bejahen.

Mit „Welcome to Emmonak!" werden wir noch vor dem Aussteigen von einigen Leuten begrüßt. Wir ziehen erst einmal das Kanu an Land und fallen uns in die Arme. Die Expedition ist geglückt.

Viel Zeit, uns mit uns selbst zu beschäftigen, bleibt nicht. Schon will der Nächste wissen, woher wir kommen. Ein anderer fragt, was das Kanu kosten soll. Sicher, wir wollen es verkaufen, aber nicht sofort. Ein Dritter rät uns, nicht hier am Hafen zu campen, sondern lieber auf der kleinen Insel ein paar hundert Meter weiter. Kinder und Jugendliche hätten viel Zeit und würden auf „komische" Ideen kommen.

Wir beherzigen den Rat. Die Überfahrt dauert kaum mehr als eine Minute. Wir bauen also dort erst einmal wieder unser Zelt auf und richten uns ein. Dann fahren wir mit dem jetzt leeren Kanu wieder hinüber. Die Stadtverwaltung betreibt auch das einzige Hotel im Ort. Die Zimmer befinden sich praktischerweise im ersten Stock des gleichen Gebäudes. 105 Dollar kostet das Doppelzimmer. Für die letzte Nacht vor unserer Abreise wollen wir uns das gönnen, vor allem um in Ruhe unsere Sachen zu trocknen, zu sortieren und zu packen.

Die freundliche Mitarbeiterin, die hier alles in einer Person zu sein scheint, hilft uns auch gleich, Flüge nach Anchorage zu organisieren. Mit ihrem Handy ruft sie beide Fluggesellschaften an, fragt nach freien Plätzen und vergleicht Preise. Kurzfristig von hier wegzukommen, ist nicht ganz einfach. Die kleinen Propellermaschinen fliegen unregelmäßig und haben nur wenige Sitze. Schließlich gelingt es uns, zwei Plätze zu bekommen. In drei Tagen werden wir nach Anchorage fliegen können. Besser hätte es nicht laufen können. Der nächste Flug wäre dann erst wieder in einer Woche gewesen.

Wir bekommen dann noch die Telefonnummer des diensthabenden Polizisten.

„Warum, brauchen wir die?", frage ich.

„Die Jugendlichen wissen nichts mit ihrer vielen Freizeit anzufangen. Könnte sein, dass es da Ärger gibt."

Wir notieren die Telefonnummer und sind dabei so überrascht, dass uns gar nicht klar wird, dass uns die Nummer nicht viel nutzen wird. Wir haben ja weder Telefon noch Handy. Schlechte Erfahrungen machen wir allerdings nicht. Die Kinder sind zwar neugierig, aber nicht übermäßig aufdringlich.

Auf der Suche nach der Washeteria spricht uns Doug an: „Wo wollt ihr denn hin?"

Er arbeitet für eine Baufirma, die hier Straßen repariert. Wo die Washeteria ist, weiß er zwar auch nicht, aber er bietet an, bei ihm zu duschen. Wir steigen in seinen Pickup, und ein paar Meter weiter stehen wir vor dem Haus, das seine Firma für ihn und seine Mitarbeiter angemietet hat.

„Meine Jungs kommen erst in zwei Stunden von der Baustelle. So lange habt ihr Zeit."

Er gibt uns noch Shampoo und saubere Handtücher und ist wieder weg. Uns war bereits aufgefallen, dass es im Ort Wasserleitungen gibt. Diese verlaufen hier oberirdisch und sind natürlich gut isoliert. Wir genießen das große Badezimmer, eine saubere Dusche und heißes Wasser. Diese selbstlose Gastfreundschaft, immer wieder überwältigend, wird uns fehlen.

Die Straßen sind schlammig. Ab und zu gibt es Holzstege für Fußgänger. Ohne Gummistiefel ist man eigentlich aufgeschmissen. Trotzdem sehen wir ein Mädchen mit Stöckelschuhen. Die Jugendlichen flitzen meistens mit ihren Quads durch die Gegend. Vermutlich die einzigen Fahrzeuge, die man hier auch im Winter benutzen kann. Und sie spielen genauso an ihren Handys herum, wie überall auf der Welt.

Emmonak unterscheidet sich aber von den anderen Dörfern auf unserem Weg. Man merkt, dass der Ort durch Flugzeuge und Frachtschiffe enger mit der Außenwelt mehr verbunden ist als die meisten Orte entlang des Yukon. So gibt es zwei Supermärkte im Ort. Beide sind gut sortiert und sogar mit Geldautomaten versehen. Und noch etwas gibt es hier, dass wir bisher vergeblich gesucht haben: ein richtiges Restaurant! Im Family Restaurant bestellen wir uns Kaffee und die Spezialität des Hauses, den Cordon Bleu Burger. Kinder und Jugendliche kaufen Softdrinks und spielen Billard. Aus der Jukebox kommt 70er-Jahre-Musik.

Wir schauen noch einmal bei Doug vorbei und bedanken uns bei ihm. Seine Truppe besteht aus sechs Männern, die gerade in dem großen Aufenthaltsraum beisammensitzen, essen und fernsehen. Wir nutzen den Besuch dazu, nach Wetter und Gezeiten für morgen zu fragen.

Am Abend hören wir die Kinder noch bis weit nach Mitternacht, aber es ist längst nicht so laut wie in den anderen Orten. In dieser ersten Nacht in Emmonak schlafen wir tief und traumlos.

Auch wenn Emmonak als Hafenort gilt - bis zur Beringsee sind es noch etwa zwanzig Kilometer. Da wollen wir natürlich noch hin. Der Blick auf die unendlichen Wassermassen des Pazifiks wäre das i-Tüpfelchen! Und auch diese Strecke wollen wir natürlich paddeln und nicht mit dem Motorboot eines Fischers zurücklegen, wie uns bereits angeboten wurde. Die letzte Etappe hat es aber noch einmal in sich.

Laut unseren Informationen kann man versuchen, sich mit der Ebbe aus Emmonak herausziehen und sich mit der Flut wieder hineintreiben zu lassen. Zwanzig Kilometer gegen die Strömung wieder zurückzupaddeln, dürfte unmöglich sein. Unmöglich ist es nicht, aber auch nicht einfach, wie wir feststellen sollen.

Aber der Reihe nach: Kurz nach neun Uhr kommen wir los. Der Yukon macht zwei, drei Kurven, dann kommt eine lange Gerade. Eigentlich sind wir auf dem Kwiguk unterwegs, einem zugegeben eher schmalen Seitenarm. Das sieht man jedoch nur auf unseren Karten mit einem kleinen Maßstab. Auf größeren Karten würden wir uns irgendwo in dem riesigen Yukon-Delta verlieren. Dieses Delta ist absolut flach, baumlos und von Tausenden von kleinen Seen und Sümpfen durchsetzt. Auch das sieht man wieder nur auf der Karte, nicht vom Boot aus.

Wie ein Korken auf einer Flasche sitzt eine letzte Insel vor dem Ausgang ins Meer. Erst als wir näherkommen, öffnen sich links und rechts je ein Durchgang, die mit jeder Minute breiter werden. Wir legen an einer geeigneten Stelle an und klettern die Böschung hinauf.

Das also ist es, das langersehnte Ziel: die Beringsee.

So ganz richtig ist das natürlich nicht. Wenn der Satz „Der Weg ist das Ziel" irgendwo eine Berechtigung hat, dann sicherlich auf dieser Reise.

Wir genießen den Ausblick eine Weile. Alles ist überraschend unspektakulär. Wasser und Himmel haben das gleiche Grau und gehen ineinander über. Es riecht weder nach Meer noch schmeckt man das Salz auf den Lippen. Da der Wind leicht vom Land her weht, gibt es auch keine Wellen oder gar eine Brandung.

Zum Kochen ist es zu windig und so fahren wir eine halbe Stunde zurück. Dort hatte ich am Ufer eine kleine Hütte gesehen. Wir legen an und klettern die Böschung hoch. Hier war schon lange niemand mehr, wie man unschwer an dem hochgewachsenen Gras erkennen kann. Wir kochen ein letztes Mal, Reis mit Bohnen und Mohrrüben. Schweigend essen wir. Jeder hängt seinen Gedanken nach.

Nachdem wir Topf und Geschirr wieder abgewaschen haben, überlegen wir, was wir eigentlich mit unserem großen Kochtopf machen sollen. Mitnehmen nach Anchorage kommt nicht in Frage.

„Dann können wir ihn doch eigentlich auch gleich hier lassen, oder?"

„Hier?"

„Ja, warum nicht? Er ist sauber und völlig in Ordnung. Vielleicht kann der Besitzer der Hütte ihn gebrauchen."

„Okay, dann schiebe ich ihn einfach unter die Hütte."

„Der Besitzer wird sich vermutlich ein Leben lang wundern, wie dieser Topf den Weg zu ihm gefunden hat."

„Ja und der Weg war ganz schön lang. Zwei Monate im Kanu von Kanada aus auf dem Yukon bis hierher", grinse ich.

Die Rückfahrt wird hart. Sich mit der Flut wieder reinziehen zu lassen, klappt nicht wirklich. Das auflaufende Wasser ist viel schwächer als die Strömung. Sobald einer von uns mit Paddeln nachlässt, verringert sich unsere Geschwindigkeit in Richtung Null. Hören wir beide auf, treiben wir rückwärts.

Natürlich war ich auch dafür, mit dem Kanu die letzten Kilometer bis zur Beringsee zu fahren. Wir waren ja auch ausgeruht und es würde unsere endgültig letzte Tour auf dem Yukon sein. Der Rückweg ist jedoch so anstrengend, dass ich keinem eine Nachahmung dieser Aktion empfehlen kann, es sei denn, er hat Arme aus Stahl. Über fünf Stunden brauchen wir für den Rückweg. Fünf Stunden kämpfen wir gegen die Strömung. Ich dachte zwischendurch, wir schaffen es nicht in einem Rutsch und müssen eine Übernachtung einplanen. Aber wir haben ja nichts dabei, unsere Sachen sind alle auf der Insel. Und die Zeit spielt gegen uns, denn wenn die Ebbe einsetzt, geht es definitiv nur noch in eine Richtung. Einmal gab es die Möglichkeit, ein Motorboot anzuhalten, aber dann packt mich trotz schwindender Kräfte der Ehrgeiz, es doch noch selbst zu schaffen. Ich werde mich dafür mit einem dicken Burger belohnen, das steht fest!

Die letzte Kurve zieht sich endlos hin. Endlich sehen wir die ersten Häuser, dann die Insel, auf der unser Zelt steht. Und doch dauert es noch einmal über eine Stunde, bis wir ziemlich erschöpft auf dem kleinen Sandstrand vor unserem Zelt auflaufen.

Nach einer kurzen Pause fahren wir hinüber zum Festland. Ziel ist wie gestern das Family Restaurant. Die Sonne kommt heraus, und plötzlich tummeln sich viele Leute auf der Straße. Gut 600 Einwohner zählt Emmonak, und die meisten scheinen bereits zu wissen, das wir „die mit dem Kanu von der Insel" sind.

Auf dem Rückweg zum Kanu fällt mir ein, dass ich unsere Angel schon lange nicht mehr gesehen habe. Ich kann mich auch nicht erinnern, sie ausgeladen zu haben. Heute war sie auf jeden Fall nicht mehr im Boot. So ist sie wohl gestern Abend schon „verschwunden" ...

Es regnet - wieder einmal. Glücklicherweise haben wir gestern bereits die meisten Sachen aussortiert oder zusammengepackt. Zum allerletzten Mal beladen wir das Kanu und paddeln so dicht wie möglich an das Hotel heran. Viermal müssen wir laufen, um alles ins Hotelzimmer zu bringen. Da haben wir noch etwas Arbeit vor uns, denn bis zum Abflug müssen wir das Gepäck noch deutlich reduzieren. Leider hat sich noch immer niemand ernsthaft für das Kanu interessiert.

Während sich Simone auf den Weg zur Washeteria macht, will ich nun aktiv versuchen, das Kanu und weitere Ausrüstungsgegenstände, die wir nicht mitnehmen wollen, zu verkaufen. Wenn wir das Kanu nicht verkaufen können, müssen wir es einfach am Ufer liegen lassen. Finanziell wäre das kein großer Verlust, aber emotional schon. Es würde uns schmerzen, es einfach so zurückzulassen. Viel schöner wäre es, wenn wir es in guten Händen wüssten.

Ich will versuchen, die Dinge einem der Läden im Ort zum Wiederverkauf anzubieten. Vielleicht habe ich mehr Glück bei einem kleinen Laden, als bei den beiden Supermärkten. Die sind vermutlich flexibler, überlege ich. Ich suche also nach Mickey's Store, von dem ich im Hotel erfahren habe. Wie üblich gibt es keinerlei Schilder, also muss ich mich durchfragen.

Wie der Zufall es will, ist die erste Person, die ich frage, auch gleich die Inhaberin! Sie heißt Mickey und zeigt mir als Erstes den gestern erlegten Elch in der Garage. Er ist bereits in mehrere Teile zerteilt, eingeschlagen in eine grüne Plastikfolie. Nicht unbedingt ein erfreulicher Anblick, wenn man es gewohnt ist, die Tiere in der freien Natur zu beobachten. Doch ich will mich nicht lange ablenken lassen und erkläre ihr, was ich verkaufen möchte. Das Kanu liegt natürlich unten am Wasser. Aber eine der blauen Boxen habe ich dabei, in der sich die Rettungswesten, Gaskartuschen und Werkzeug befinden. Die Frau mustert die Sachen flüchtig. „Das Kanu können wir zur Elchjagd auf den kleinen Seen benutzen. Da kommen wir mit unsere Motorbooten nicht hin. Was willst du für alles haben?"

Ich erzähle, dass wir auch drei Paddel haben und noch eine zweite dieser blauen Boxen.

„Was willst du haben für alles?", wiederholt sie.

„400 Dollar für alles", sage ich.

Ich kann wirklich nicht abschätzen, was die Sachen hier wert sind. Wann immer ich nach dem Preis für das Kanu gefragt wurde, habe ich „300 Dollar" geantwortet. Keiner hat gesagt, dass das zu viel wäre. Allerdings hatte auch keiner der Fragenden so viel Geld. Würde sie noch handeln?

Doch ohne ein Wort zu sagen, holt sie ein Bündel Geldscheine aus der ausgebeulten Hosentasche. Sie zählt 20 Zwanzigdollarscheine ab und reicht sie mir. Der Rest verschwindet wieder in der Hosentasche. „Einverstanden. Mein Sohn holt das Kanu nachher zusammen mit einem Freund ab." Besser hätte es wirklich nicht laufen können, freue ich mich.

Den Rest des Tages packen wir aus, sortieren, trocknen und packen wieder ein. Wir schaffen es tatsächlich, alles, was wir mitnehmen wollen, in unseren beiden Rucksäcken und in der großen Ortliebtasche zu verstauen. Beim Abendspaziergang durch den Ort treffen wir zufällig auf den Sohn von Mickey, der gerade dabei ist, unser Kanu auf einen Pickup zu verladen. Schnell machen wir noch ein Abschiedsfoto. Als wir dabei zusehen müssen, wie das Kanu auf der Ladefläche festgebunden langsam unseren Blicken entschwindet, werden wir wehmütig. Nun ist unsere Tour also endgültig zu Ende.

Der Flughafen besteht aus einer Piste und zwei Gebäuden. Mit einem kleinen Warteraum unterscheidet sich dieser Airport allerdings grundlegend von den anderen, die wir in den letzten Wochen gesehen haben. Die siebensitzige Propellermaschine landet etwas später als angesagt. Die Tür öffnet sich und ein rot gelockter, etwa 40 Jahre alter Mann springt heraus. Wir drücken ihm unser Gepäck in die Hand, das er routiniert hinter irgendwelchen Klappen verstaut. Er will weder einen Ausweis noch ein Flugticket sehen. Außer uns sitzt noch ein älterer Einheimischer in der Kabine. Kaum haben wir uns angeschnallt, geht es auch schon los. Unser Pilot heißt Ken, kommt aus Irland und fliegt bereits seit sechs Jahren in Alaska, erfahren wir später.

Nur kurz nach dem Start sehen wir unter uns den Yukon. Deutlich ist die Stelle zu erkennen, an der wir den Hauptstrom nach Emmonak verlassen haben. Doch unser Hauptaugenmerk gilt der Landschaft hinter der Uferlinie. Zum ersten Mal sehen wir, was sich links und rechts des Flusses befindet. In der baum- und strauchlosen Landschaft liegen Hunderte, ja Tausende kleiner Sümpfen, Teiche und Seen. Diese sind oft durch kleine Wasserläufe miteinander verbunden. Völlig unmöglich wäre es, dieses Gebiet zu Fuß zu durchqueren.

Noch einmal fliegen wir über den Yukon - unseren Yukon. Viele Wochen haben wir auf ihm zugebracht und Tausende von Kilometern zurückgelegt. Ein unglaubliches Gefühl von Freiheit hat sich in uns breitgemacht, eine Freiheit, die man anderswo kaum noch erleben kann. „The last frontier" wird Alaska genannt: Die letzte Grenze. Wir sind definitiv bis an unsere Grenzen gegangen.

„Wer einmal aus seinem Wasser getrunken hat, wird es wieder tun", habe ich einmal gelesen. Wir haben viel von seinem Wasser getrunken - und auch wir werden wieder kommen, ganz sicher. Gebannt hängen wir am Fenster, filmen, machen Fotos und staunen noch einmal über eine uns bekannte und doch wieder fremde Welt.

Die Landung auf einer Piste, die plötzlich vor uns auftaucht, reißt uns aus unseren Gedanken. Ken scheint es ziemlich eilig zu haben. Noch während die Maschine rollt, dreht er sie schon wieder in Richtung Startbahn. Ein Fahrzeug nähert sich. Zwei Männer wuchten schweres Baugerät von der Ladefläche ins Flugzeug. Es wird hinter der letzten Sitzbank festgeschnallt. Kaum hat die Maschine den Boden verlassen, fliegen wir eine scharfe Rechtskurve und landen ein paar Minuten später auf der nächsten Piste. Nur wenige Häuser stehen einige Hundert Meter entfernt in einer kleinen Senke. Ein Pkw nähert sich. Eine Frau verabschiedet sich von ihrer Familie und steigt zu uns ins Flugzeug. Nach höchstens fünf Minuten sind wir wieder in der Luft.

Im nächsten größeren Ort müssen wir alle aussteigen. Erst jetzt wird unser Gepäck gewogen und wir werden nach unseren Flugscheinen gefragt. Jetzt sind wir wohl endgültig wieder in der Zivilisation angekommen, denke ich. Neben uns im Warteraum sitzt ein junges Mädchen mit ihrer Mutter. Wir sind nach wie vor die einzigen „Nicht-Inuit", und so werden wir von dem Mädchen aufmerksam gemustert und gefragt, wo wir herkommen.

„Oh, ich hatte etwas Deutsch im Unterricht", freut sie sich.

„Frohe Weihnachten!", kichert sie. „But that's all I remember."

Auch sonst hat sie, glaube ich, nicht durchgehend aufgepasst. „In Deutschland, da habt ihr doch überall Nilpferde und Palmen, oder?"

Kleiner Reiseführer von Whitehorse nach Dawson City

Sandbänke sind unsere bevorzugten Rastplätze

Von Whitehorse nach Carmacks

Wenn Sie Ihre Flussfahrt in Whitehorse beginnen, entweder vom Robert Service Campground oder vom kleinen Kiesstrand neben dem Kiesstrand neben dem Ausrüstungsladen von Canoe People, haben Sie etwa 320 Flusskilometer vor sich, bevor der nächste Ort, Carmacks, erreicht wird. Es liegen nur 176 Straßenkilometer zwischen diesen beiden Orten, aber etwa eine Woche in einem Kanu. Etwas länger brauchen natürlich Leute, die per Floß unterwegs sind.

Einige der Plätze, auf denen man gut zelten kann, sind mit Sitzbank, Tisch und Feuerstelle versehen. Teilweise werden sie sogar von der Naturschutzbehörde mit Feuerholz versorgt. Nur in Carmacks kann man sich mit neuem, aber auch teurerem Proviant eindecken. Es gibt dort öffentliche Duschen, ein Restaurant, eine Bar und Sie können auch dort die Reise beenden.

Wenn man nun den Fluss hinuntertreibt und das Stadtbild von Whitehorse hinter sich lässt, kann man sich kaum vorstellen, dass im Frühsommer 1898 Tausende von Booten aller Art und Bauweise diesen Fluss hinuntertrieben - in Richtung der Klondike-Goldfelder in der Nähe von Dawson City. Die Goldsucher von damals hatten sicherlich nur wenig mit den heutigen Flussfahrern gemeinsam, außer vielleicht die Suche nach Abenteuern.

Der heutige Abenteurer wird viele Überreste der damaligen wilden Zeit entlang des Flusses vorfinden, so z.B. alte Hütten, Flusscamps oder Schaufelraddampfer. Der Yukon ist für die nächsten 3.000 km bis hin zur Beringstraße nicht nur ein wilder und ungezähmter, sondern auch ein historischer Fluss voller Geschichte.

Whitehorse hat jetzt ein Klärwerk, aber trotzdem sollte man bis etwa zum Ende des Lake Laberge das Wasser weder trinken noch dort angeln. Wasser aus Seitenbächen ist genießbar, sollte aber trotzdem z.B. mit Certisil desinfiziert oder abgekocht werden. Der Lake Laberge liegt ca. 40 km unterhalb von Whitehorse. Das ist an einem Tag (inkl. Beladen des Kanus) gut zu schaffen und so wird man die erste Nacht vermutlich bereits am Seeufer verbringen. Der Fluss fließt sehr schnell, etwa um die 10 km/h - noch schneller nach der Schneeschmelze im Mai und nach starken Regenfällen.

Auf den ersten paar Kilometern führt der Fluss nur knapp ein Zehntel der Wassermenge, die durch Dawson City fließt, nämlich etwa 430 m^3/Sek., während es in Dawson City schon 4.200 m³/Sek. sind. 3.000 km später, an der Beringstraße, hat sich diese Wassermenge auf 16.000 m³/Sek. erhöht.

Takhini River

Der Takhini ist der erste größere Fluss, der etwa 20 km von Whitehorse entfernt von links in den Yukon hineinfließt. Das Wort „Takhini" stammt aus der Sprache der Tagish-Indianer und bedeutet „Mückenfluss". Der Fluss selbst entspringt im großen Kusawa-See. Der Küstenstamm der Chilkat-Indianer benutzte diese Route, um bis hin nach Fort Selkirk mit anderen Stämmen zu handeln. Die Chilkats wanderten von der Küste bis zum See und bauten sich dort Flöße, um den Takhini hinab in den Yukon zu treiben. Damit umgingen die Indianer die gefährlichen Stromschnellen oberhalb von Whitehorse, die nach dem Bau des Staudammes gezähmt worden sind. Für heutige Flussfahrer wäre diese Route eine interessante Alternative.

⚠ Gute Zeltmöglichkeiten gibt es auf **Egg Island** (Eier-Insel) etwa 1 km unterhalb vom Takhini. Zum Lake Laberge sind es weitere 20 km.

Dort, wo der schnell fließende Yukon auf das ruhige Gewässer vom **Lake Laberge** trifft, setzt sich der feine Sand (*silt*) ab, der vom Takhini in den Yukon getragen wurde. Sich ständig verändernde Sandbänke waren während der Zeit der Schaufelraddampfer ein Haupthindernis. Aus dieser Zeit stammen die *pilings*, die Baumpfeiler, die den Hauptkanal vom Fluss in den See links und rechts markieren. Diese Pfeiler sollten bewirken, dass ein beschiffbarer Hauptkanal immer offen blieb. Noch heute ist diese Öffnung zu benutzen. Allerdings ist Vorsicht geboten, besonders für Floßfahrer.

Die Sandbänke bieten sich für eine Rast an, und wer das Anlegen mit dem voll beladenen Kanu noch etwas üben möchte, findet hier dafür gute Möglichkeiten.

Lake Laberge

Der See ist etwa 50 km lang und zwischen 2 km und 4 km breit. Egal welche Seite Sie wählen, benötigt Sie für die Durchquerung mit einem Kanu oder Kajak etwa zwei Tage, etwas länger mit einem Schlauchboot und sehr viel länger auf einem Floß oder bei Gegenwind.

Von Whitehorse nach Carmacks

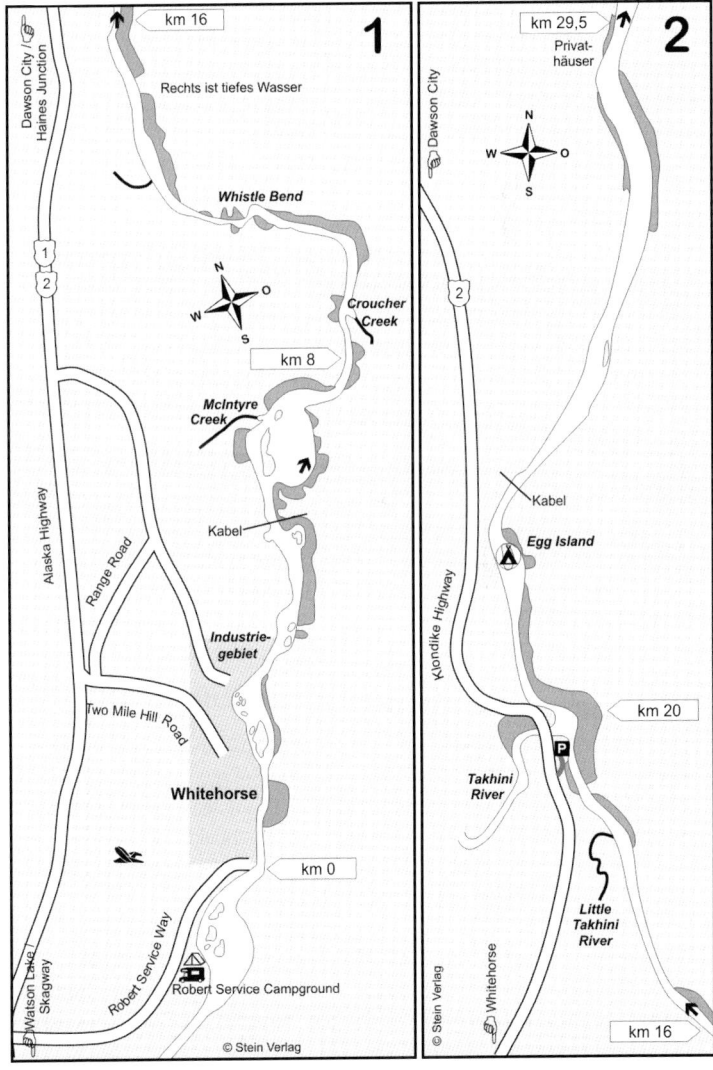

✋ Es ist kaum vorstellbar, dass die ruhige Wasseroberfläche des Sees sich in wenigen Minuten in ein tobendes Meer verwandeln kann, mit Wellen, die gut und gerne eine Höhe von 2 m erreichen. Der Lake Laberge ist in ein langes Tal eingebettet, wo der Wind wie in einem Windkanal sehr schnell hohe Wellen aufbauen kann. Hat man sich einmal eine Seite vom See ausgesucht, sollte man unbedingt auf dieser Seite in Ufernähe bleiben.

✋ ⚠ Die rechte, östliche Seite des Sees ist im Allgemeinen dünner besiedelt und trotz der steilen Küste sind gute Zeltmöglichkeiten zu finden. Die linke, westliche Seite hat viele Buchten und flache Strände, aber auch viele Hütten und Ansiedlungen. Auf der Westseite, 13 km vom Yukon-Einfluss entfernt, befindet sich der staatliche Zeltplatz **Deep Creek**. Sollten Sie etwas vergessen haben, ist hier die letzte Gelegenheit, über die Straße nach Whitehorse zu kommen.

☕ Etwa 1 km vom Zeltplatz Deep Creek gibt es eine Bäckerei mit gutem Kaffee, Kuchen und Brot.

Einige Flussfahrer beginnen erst hier mit ihrer Fahrt. Für Floßbauer ist Deep Creek besonders günstig gelegen. Die Richthofen-Insel gegenüber dem Deep-Creek-Zeltplatz wurde nach Ferdinand Freiherr von Richthofen aus Leipzig benannt, einem angesehenen Geographen in den Jahren um 1880.

Lower Laberge
Die Ausfahrt aus dem See kommt überraschend spät ins Blickfeld. Möchte man im heute unbewohnten Dorf Lower Laberge Village am Ende des Sees anlegen (vom Wasser aus sieht man nur für einen kurzen Moment eine der Hütten), muss man rechtzeitig an das rechte Ufer paddeln. Der Yukon übernimmt wieder die Fortbewegung Ihres schwimmenden Gefährtes. Einmal am Dorf vorbei ist ein Zurück so gut wie nicht möglich.

⚠ Lower Laberge ist ein exzellenter Platz zum Zelten. Ein Jugendprogramm hat dafür gesorgt, dass in den letzten Jahren mehrere der Hütten renoviert wurden. Ein verrosteter Lastwagen, herumliegende Maschinenteile und die Überreste des Flussdampfers Casca verleihen diesem ehemaligen

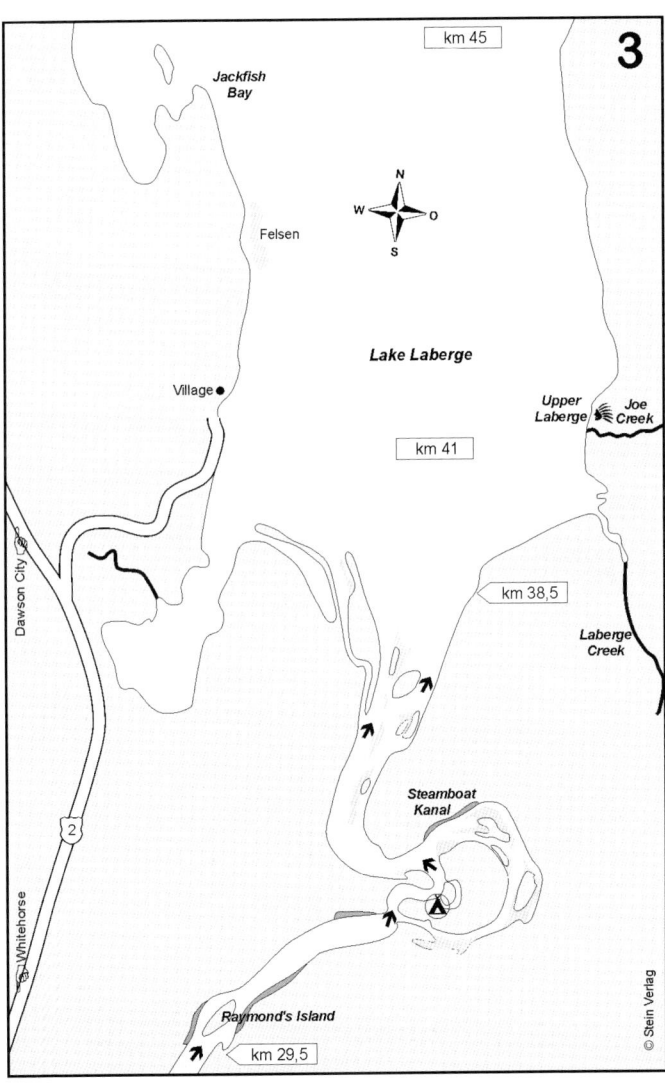

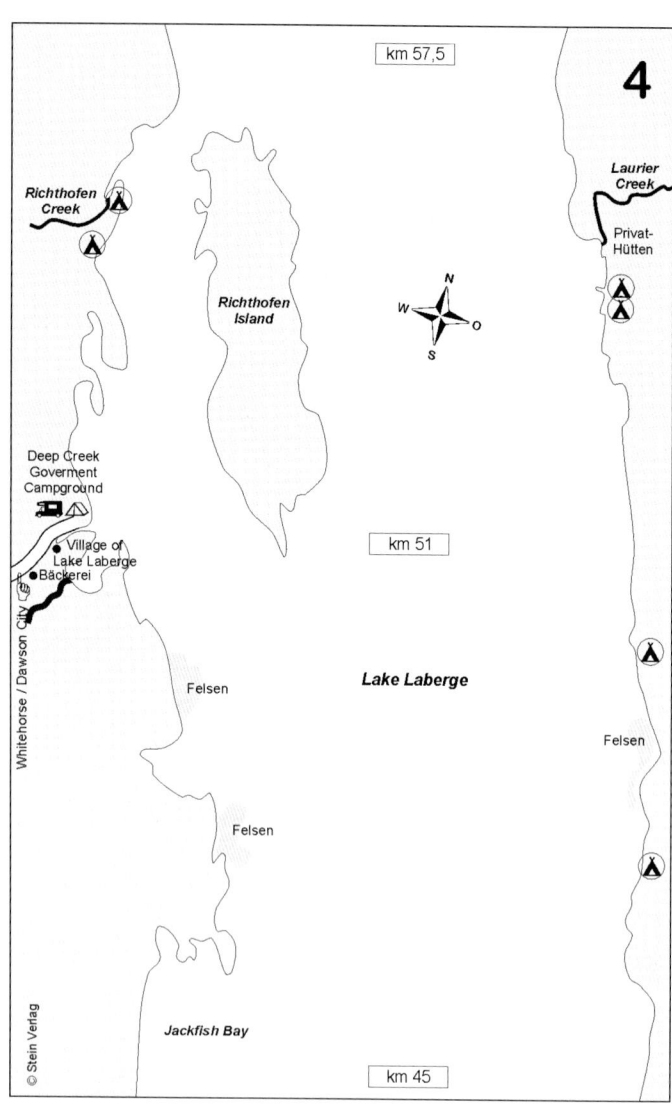

Von Whitehorse nach Carmacks

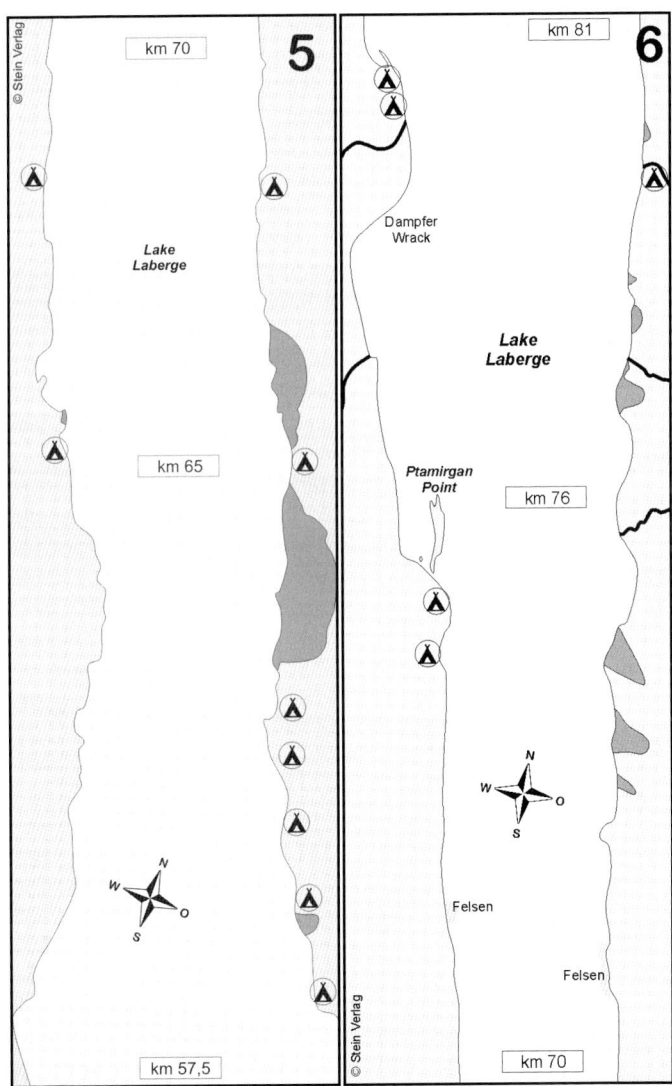

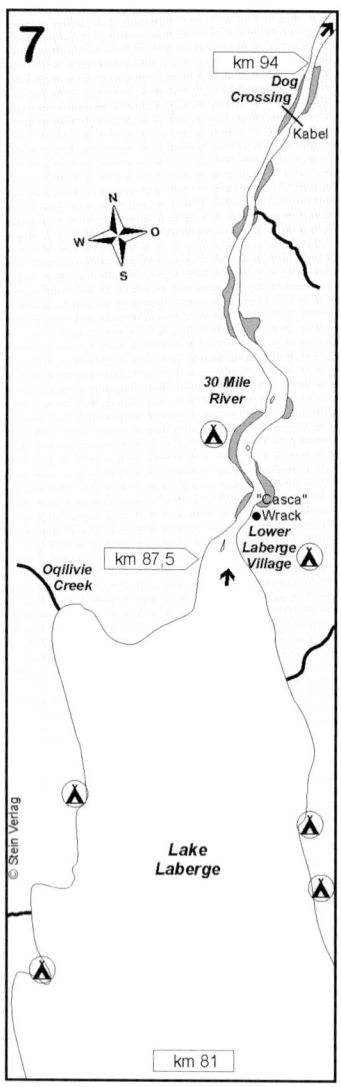

Rivercamp Atmosphäre. Von dem Schaufelraddampfer sind allerdings nur noch die Bodenplatte und ein paar Balken erhalten.

Die nächsten 50 Flusskilometer zwischen Lower Laberge und dem Indianerdorf Hootalinqua gerade unterhalb der Teslin-River-Einmündung gehören mit zu den schönsten Strecken des gesamten Flusses. Das Wasser ist klar, sauber und fließt schnell. Ab hier bekommt der Wildnis-Traveller zum ersten Mal das Gefühl wahrer Abgeschiedenheit und naturverbundener Einsamkeit.

Unzählige Boote der Goldsucher und zahlreiche Flussdampfer kamen auf diesem Streckenteil des noch engen und kurvigen Flusses zu Schaden. Die hölzernen Überreste sind teilweise noch sichtbar. Wind und Wetter, Strömung und Schneeschmelze reduzieren die Überbleibsel Jahr um Jahr mehr.

🐟 Angeln lohnt sich auf diesem Abschnitt des Flusses besonders!

Der einmündende **Teslin** verdoppelt fast die Wassermenge des Yukon und die Anzahl der Flussfahrer. Zwischen Mitte Mai und Anfang Juni, wenn der Lake Laberge noch zugefroren sein kann, aber das Wetter schon sehr warm ist, ist die Fahrt den Teslin hinunter eine von mehreren Möglichkeiten, zum Yukon zu kommen. Von Johnson's Crossing am Alaska Highway sind es 192 Flusskilometer den Teslin hinab nach Hootalinqua.

Hootalinqua

Das traditionelle Indianerdorf („Hutalin-gwa" gesprochen) befindet sich direkt unterhalb der Einmündung des Teslin River auf der rechten Flussseite. Das Dorf ist zeitweise bewohnt, vor allem während der Lachs-Fischsaison. Wenn man dort zelten möchte, sollte man vorher fragen. In einer renovierten Hütte befanden sich von 1898 bis 1950 ein Polizeiposten und ein Telegrafenbüro.

⚠ Etwas weiter flussabwärts auf der linken Seite liegen offizielle Zeltmöglichkeiten. Dort war früher ein Flussdampferstopp.

Von Hootalinqua bis zu dem ehemaligen Indianerdorf **Big Salmon** sind es etwa 56 Flusskilometer. Der Yukon ist breiter geworden mit etwas sandigerem Wasser gefüllt, fließt aber mit einer Durchschnittsgeschwindigkeit von 5 bis 8 km/h immer noch schnell.

Shipyard Island

Nur ein paar Minuten unterhalb von Hootalinqua kommt man nach Shipyard Island. Hier liegen die Überreste des

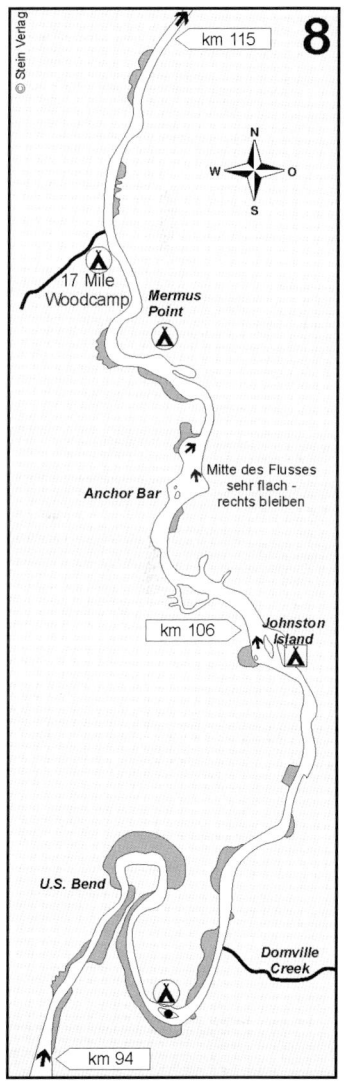

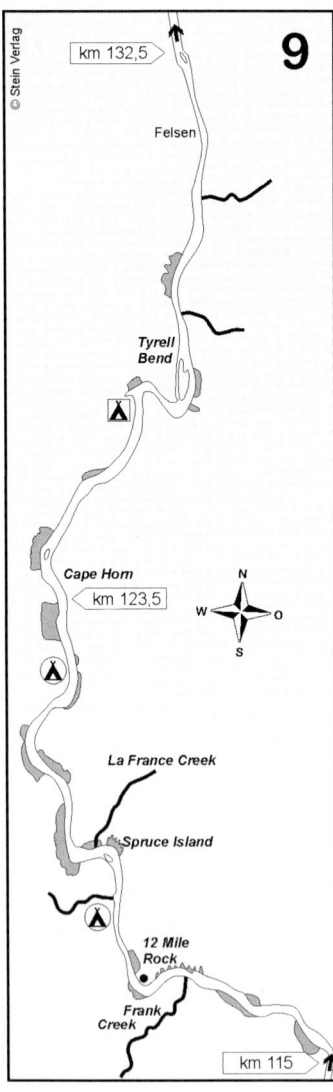

Flussdampfers Evelyn, der 1908 in Seattle gebaut wurde. Ein paar Jahre später wurde die Evelyn in „Norcom" umbenannt. 1931 wurde der Flussdampfer zur Überwinterung auf diese Insel gezogen. Eingesetzt wurde er jedoch nicht mehr und diente danach viele Jahre als Ersatzteillager.

⚠ Man findet gute Zeltmöglichkeiten auf der Insel. Bitte vergessen Sie nicht, dass alle Gegenstände, ob nun Maschinenteile oder hölzerne Überreste, unter Denkmalschutz stehen. Sie dürfen weder bewegt noch mitgenommen oder als Feuerholz verbrannt werden. Am unteren Ende der Insel befindet sich ein kleiner Friedhof.

Nur ein paar Kilometer weiter kommt man zu den Überresten des Flussdampfers Klondike, die nur bei niedrigem Wasserstand sichtbar sind. Mit dem Kanu sollte man jedoch lieber einen großen Bogen um diese Stelle machen, um nicht an Teilen knapp unterhalb der Wasseroberfläche hängenzubleiben. 1936 lief der Dampfer hier mit 40 Passagieren auf Grund. Aus den noch verwertbaren Teilen wurde die Klondike II gebaut, die heute als Museumsschiff in Whitehorse liegt.

Wenn Sie nicht vergessen haben, sich in Whitehorse eine Goldpfanne zu kaufen, dann bietet die **Cassiar Bar** als nur eine von mehreren goldhaltigen Sandbänken die Möglichkeit, nach Körner des Edelmetalls zu finden - wenn auch nicht in Mengen, die Reichtum versprechen. Aber Gold ist immer noch vorhanden, seit es 1868 zum ersten Mal dort gefunden wurde.

Sollte die Goldpfanne noch neu sein, darf nicht vergessen werden, dass sie vor der ersten Benutzung ausgebrannt werden muss - und die Goldwaschtechnik zu beherrschen, würde auch helfen!

Big Salmon

Dieses Dorf liegt direkt unterhalb der Stelle, an der der Fluss Big Salmon in den Yukon einmündet. Der Indianerstamm der Tutchone hatte schon vor Tausenden von Jahren sein Fischcamp an dieser Stelle und während der Zeit des Goldrausches wuchs Big Salmon zu einer ansehnlichen Größe. Inzwischen ist das Dorf nicht mehr bewohnt. Lediglich während der Fischfangsaison dienen ein paar der Hütten als Unterkunft. Eine ansehnliche Sammlung leerer Alkoholflaschen, die säuberlich im Regal einer der Hütten aufgereiht stehen, sind stumme Zeugen der heutigen Zivilisation.

Der Big Salmon entspringt im 225 km entfernt liegenden **Quit Lake**, und viele Flussfahrer wählen diese Route für ihre Reise nach Dawson City. Noch sind es 120 Flusskilometer bis Carmacks.

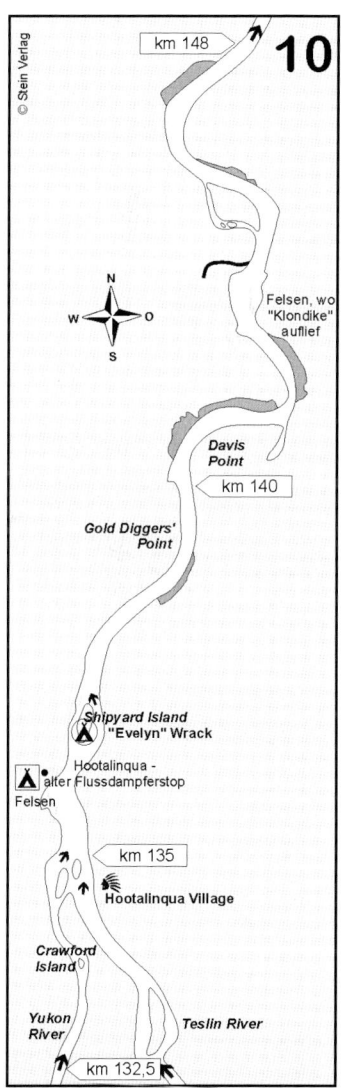

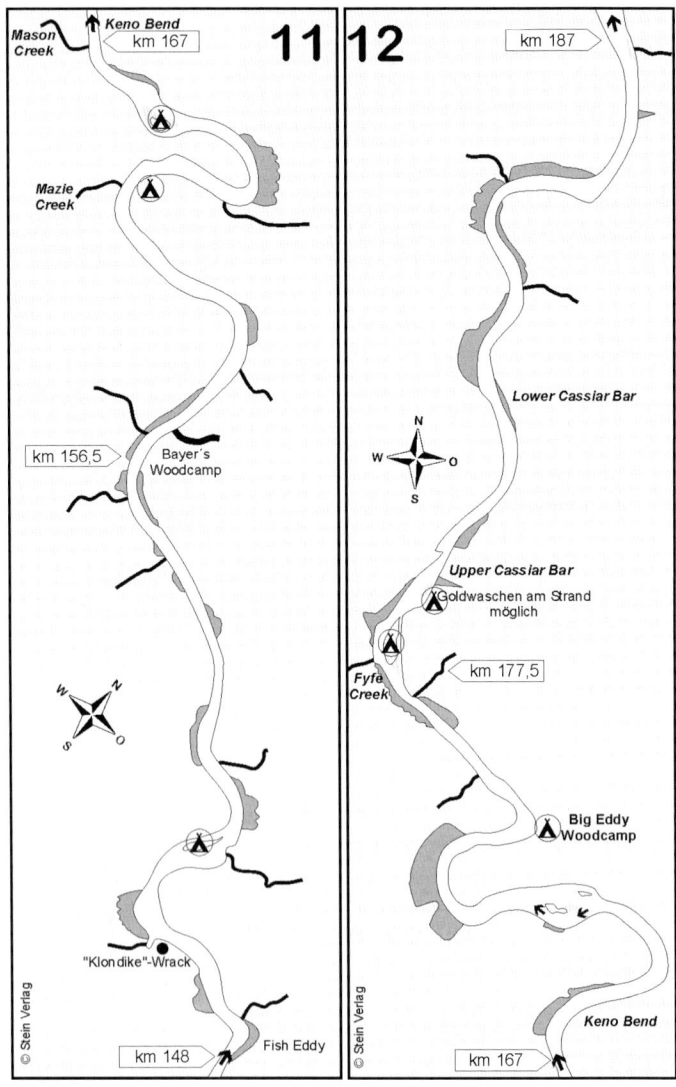

Dutch Bluff

Etwa 17 km unterhalb von Big Salmon kommt man zu Durch Bluff, dieser nicht zu übersehenden, hohen weißen Steilwand. Starker Wind kann von dort aus eine riesige Sandfahne über den Fluss blasen. Außerdem ist es riskant, Dutch Bluff zu nahe zu kommen, weil plötzliche Sandeinstürze den Fluss in Aufruhr bringen können.

Dutch Bluff bekam seinen Namen, weil ein Holländer, Henry van Broeren, dort während des *Goldrush* ein Holzfällercamp führte.

Direkt unterhalb von Dutch Bluff, auf der rechten Flussseite, kann man eine aus Altteilen gebaute **Goldwaschanlage** sehen. Zwei Goldsucher bauten diese Anlage für etwa $ 10.000, aber sie fanden nur Gold im Wert von $ 2.300. Enttäuscht verließen sie die Anlage im Herbst 1940 und kamen im folgenden Jahr erst gar nicht wieder.

5 km weiter finden sich gute Zeltmöglichkeiten an **Byer's Woodcamp**, wo noch bis Ende 1940 Brennholz für die Flussdampfer gefällt und verkauft wurde.

Etwas oberhalb vom Camp in einem Seitenkanal auf der rechten Flussseite findet man die Reste einer weiteren Goldwaschanlage, die ihre Besitzer zwischen 1940 und 1941 ebenfalls nicht reich machte.

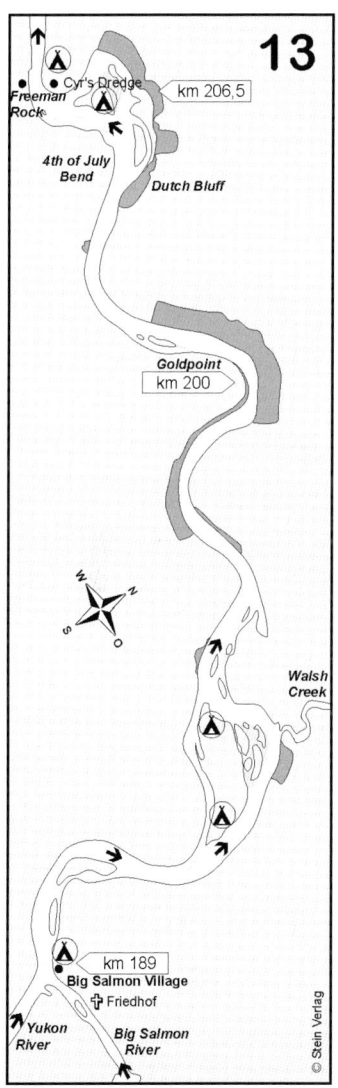

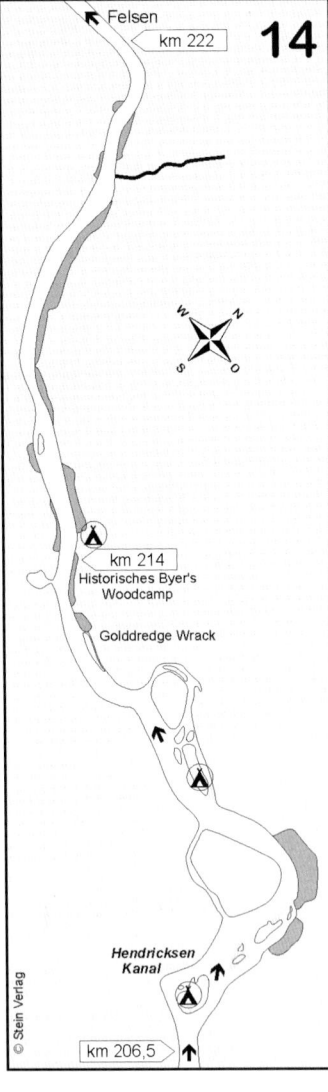

Der **Selkirk Rock**, etwas unterhalb guter Zeltplätze am **Twin Creek**, ist nach dem Flussdampfer Selkirk benannt. Der Dampfer stellte im Sommer 1916 den Geschwindigkeitsrekord für die Strecke Whitehorse - Dawson City auf: 2 Tage und 17 Stunden!

Little Salmon

Von den Indianern, die das Dorf bewohnten, überlebten nur wenige eine Grippeepidemie, die in den Jahren von 1917 bis 1919 wütete. Seit dem Bau des **Campbell Highway** (Hwy 4) liegt es nicht mehr auf der linken, sondern auf der rechten Flussseite. Im Ort befinden sich zahlreiche Spirit Houses (Grabhäuser). Sie sind keine touristischen Fotoobjekte und die Einheimischen sollten um Erlaubnis gefragt werden, bevor man den Friedhof betritt.

Vor vielen Jahren wurde erwogen, etwa 8 km unterhalb von Little Salmon, in der Nähe von **Eagle Nest Bluff**, einen Riesenstaudamm zu bauen. Man wollte den gesamten Yukon an Carmacks vorbei in einen uralten, höher gelegenen Kanal umleiten, wo sich heute die Seen Frenchman und Tatchun befinden. Der umgeleitete Fluss wäre wieder in sein altes Flussbett zurückgekehrt, wo sich die ☞ Rink Rapids befinden. Zum Glück wurde dieser Plan auf Eis gelegt und es ist zu hoffen, dass die Idee nie wieder ausgegraben wird.

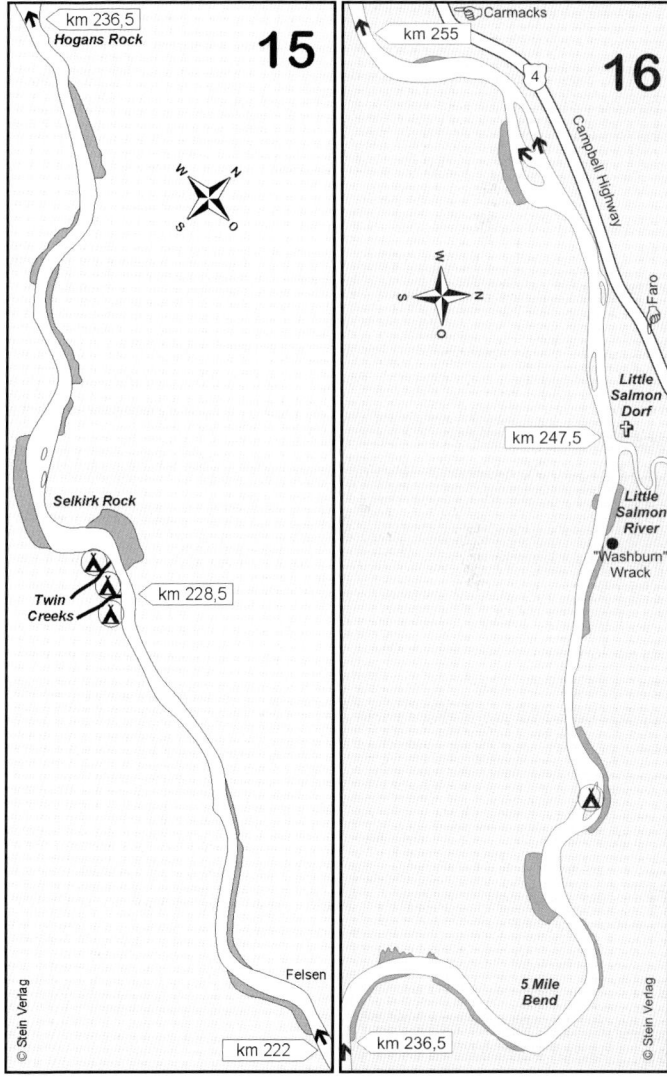

Im Kanal **Columbia Slough** geschah das schlimmste Flussdampferunglück der damaligen Zeit, bei dem der Dampfer Columbiavöllig zerstört und sechs Männer getötet wurden. Ein Deckjunge schoss verbotenerweise mit einem Gewehr vom Schiff aus auf Eichhörnchen und Enten. Vom Feuerwehrmann Morgan überrascht, stolperte er bei der Übergabe des Gewehrs. Ein Schuss löste sich - direkt in drei Tonnen Schießpulver!

Die nächsten 25 Flusskilometer bis Carmacks werden fast ständig vom Campbell Highway begleitet. Alte Kohleminen liegen ein paar Kilometer oberhalb von Carmacks links und rechts vom Fluss. Bis 1963 wurde hier Kohle gefördert.

△ Coal Mine Campground. Etwa 2 Flusskilometer vor Carmacks auf der rechten Flussseite, ☏ 863-63 63, 🖥 www.coalminecampground.com, ✉ coalminecampground@yahoo.ca, $ 14 für einen Zeltplatz, $ 50 für eine Hütte, freier Transport zum Einkauf im Ort, Waschmaschinen, Duschen und ✕ ein kleines Restaurant sind vorhanden, die Kanus der Vermieter werden hier abgegeben, auch Kanuvermietung.

△ Eine letzte große Kurve, dann kommt die **Klondike-Highway-Brücke** in Sicht. Nach 400 m findet sich auf der linken Seite eine kleine Bootsrampe. Oberhalb befinden sich 🛏 ein Hotel, 🏪 ein Supermarkt (in der Tankstelle), ✕ ein Restaurant, eine Bar, Waschmaschinen und Duschen. Außerdem gibt es dort einen Campingplatz für Wohnmobile. Auf den schmalen Rasenstücken kann man zur Not auch sein Zelt aufbauen. Allerdings muss man das Kanu entweder die steile Böschung hinauftragen oder es im Wasser liegen lassen. $ 26 für ein Zelt inkl. Stromanschluss, $ 2 für die Dusche.

Carmacks

🛈 🚐 △ ✚ ✕ 🍷 🏪 ⛽ ✓ 🚿 ❋ 500 Ew.

↻ Whitehorse 175 km, Dawson City 360 Straßenkilometer/420 Flusskilometer

🛈 Das Touristenbüro befindet sich in einem alten Telegrafen Office, 🕓 täglich im Sommer, ☏ 863-62 71 und ☏ 863-63 30, FAX 863-66 06, 🖥 www.carmacks.ca

🛏 Carmacks Hotel ✕ 🍷 🛶 Kanu-Verleih, ☏ 863-52 21, FAX 863-56 05, 🖥 www.hotelcarmacks.com, $ 90

♦ Mukluk Manor B&B, ☏ 863-52 32, $100

Von Whitehorse nach Carmacks

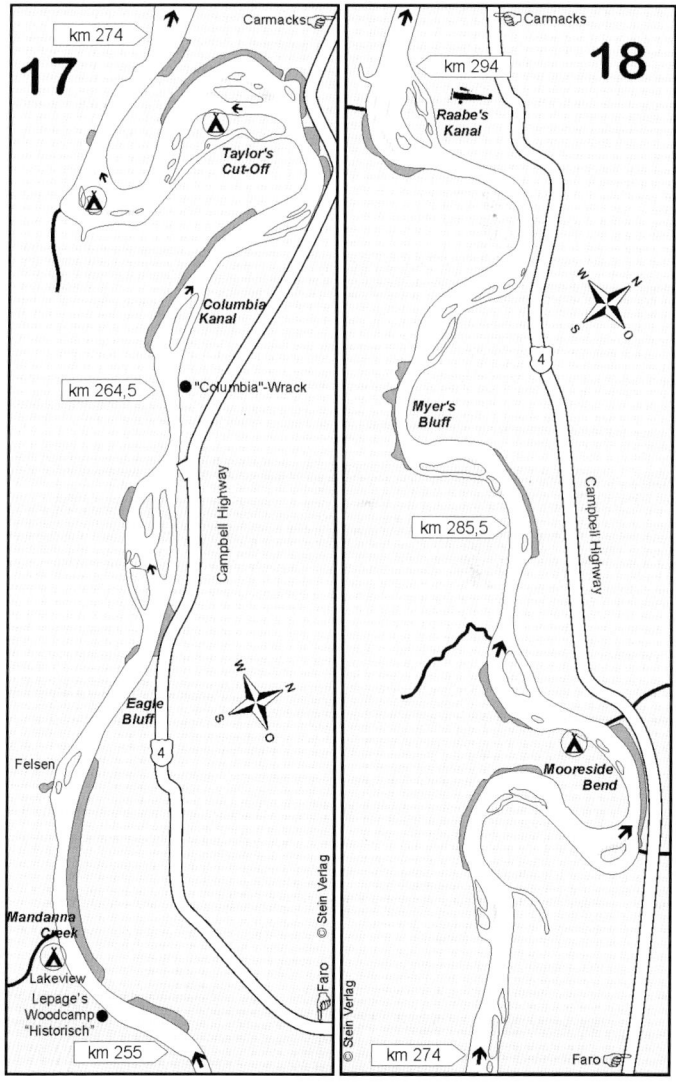

Kanuverleih von Canadian Wilderness Travel, ☎ 863-54 04, 🖥 www.canwild.ca
 Bäckerei und Lebensmittelladen, ☎ 863-61 71
 Das Schwimmbad ist im Sommer täglich geöffnet, ☎ 863-65 12
 Toronto Dominion Bank, nur Di und Do 11:00 bis 14:00, ☎ 863-50 15, kein Geldautomat. Per Kreditkarte erhält man nur Geld, wenn sie die Zeichen Visa, Interac, Cirrus oder Plus System hat.
 Bücherei, ☎ 863-59 01
⚕ ☎ 863-50 15
 Sunrise Tankstelle und China Restaurant, ☎ 863-52 91
 Helikopter Trip über die Five Finger Rapids, ☎ 863-55 51

George Washington Carmack war einer der drei Goldsucher, die als erste am Bonanza Creek im Klondike-Tal Gold fanden. Damit löste er den Goldrush 1897/98 aus.

 Wer die Flussfahrt in Carmacks beenden oder erst beginnen will, kann täglich per Bus entweder nach Whitehorse zurückkehren oder nach Dawson City weiterfahren (Fahrplan ☞ Whitehorse). Die Bushaltestelle befindet sich an der großen Tankstelle mit Lebensmittelladen. Unbedingt einen Platz im Bus reservieren!

Ausflüge

Wenn Sie sich die **Rapids** sicherheitshalber erst einmal von oben ansehen möchten, müssen Sie irgendwie versuchen, 24 km über die Landstraße in Richtung Dawson City zurückzulegen. Der bereits erwähnte Bus hat sehr ungünstige Abfahrtszeiten und ist oft ausgebucht. Trampen ist oft die einzige Möglichkeit. Lange Holztreppen (220 Stufen) führen vom Klondike Highway hinunter zu den Stromschnellen, wo die Aussichtsplattform einen tollen Ausblick bietet.

- Das Carmacks Hotel, ☎ 863-52 21, FAX 863-56 05, organisiert Bootstouren zu den **Five Finger Rapids** und bei einem Minimum von vier Leuten kostet die sechsstündige Tour etwa $ 120 pro Person.
- Tage Cho Hudan Centre, ☎ 863-58 30, FAX 863-57 10. Das wieder hergerichtete indianische Dorf liegt nur 1 km von Carmacks in Richtung Dawson City und in der Nähe vom Coal Mine Campground.

Von Whitehorse nach Carmacks

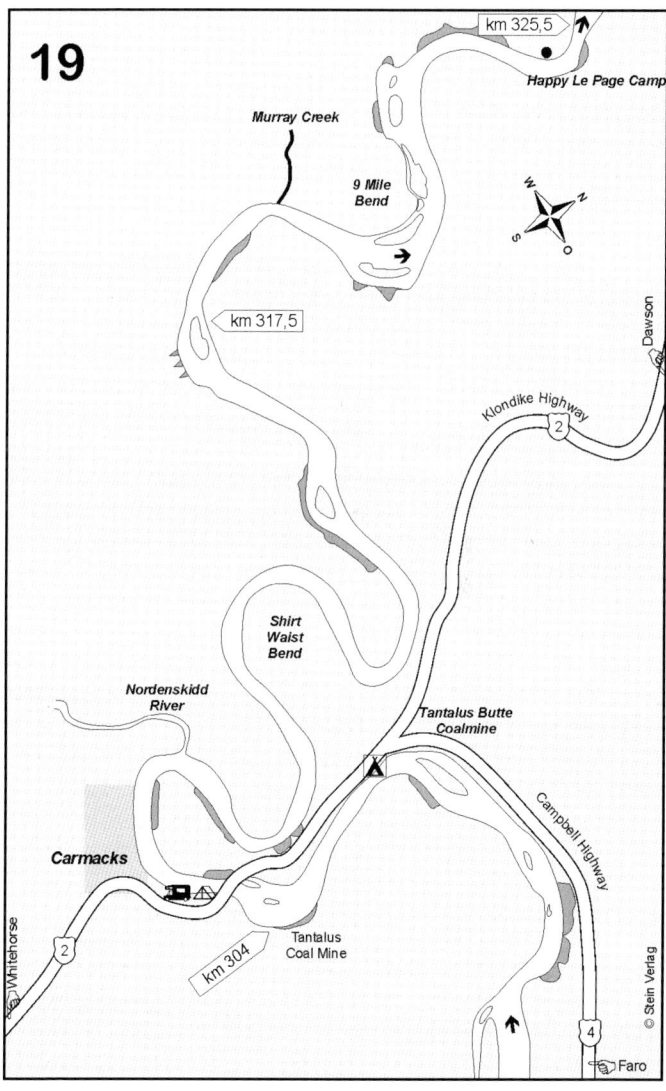

Von Carmacks nach Dawson City

Five Finger Rapids

Einer der spannendsten Momente der Reise erwartet den Flussfahrer etwa 38 km unterhalb von Carmacks - die Five Finger Rapids. Schon von Weitem kann man das Getöse der gewaltigen Wassermassen hören, die sich zwischen den Felstürmen hindurchzwängen.

Der Kanal auf der äußeren rechten Seite ist der einzige, der ohne große Gefahr befahren werden kann. Sollte Niedrigwasser herrschen, ist man in wenigen Sekunden durch diese Öffnung geschoben, ohne auch nur einen Tropfen Wasser im Boot vorzufinden. Bei höherem Wasserstand bis Sommermitte oder nach schweren, lang anhaltenden Regengüssen ist deutlich mehr Vorsicht geboten.

Die äußere rechte Öffnung der Stromschnellen ist nur ein paar Meter breit. Sie sollten die Öffnung genau in der Mitte und gradlinig ansteuern und dann versuchen, den Kurs zu halten. Die hohen, stehenden Wellen rauschen links und rechts vorbei. Die eine oder andere schwappt vielleicht ins Boot. Davon sollten Sie sich aber nicht irritieren lassen. Innerhalb weniger Sekunden werden Sie auf der anderen Seite ausgespuckt. Die Herzfrequenz kann sich wieder normalisieren.

✋ Wer aufpasst, kann direkt vor den Five Finger Rapids Anlegestellen finden, die es erlauben, zu der Übersichtsplattform zu laufen, zu der die Treppen vom Klondike Highway hinabführen. Nicht vergessen, das Kanu extrem gut festzubinden.

✋ Für Floßfahrer ist der rechte Flussarm obligatorisch. Alles muss festgebunden werden und höchste Aufmerksamkeit ist vonnöten!

✋ Die anderen Durchbrüche zu befahren, wäre sehr leichtsinnig, außer Sie haben viel Wildwasser-Erfahrung und geschlossene Kanus oder Kajaks. Mehrere Kanufahrer haben in den letzten Jahren ihr Leben gelassen, weil der rechte Arm nicht genug Kick versprach, zahlreiche andere verloren ihr Kanu mit Gepäck.

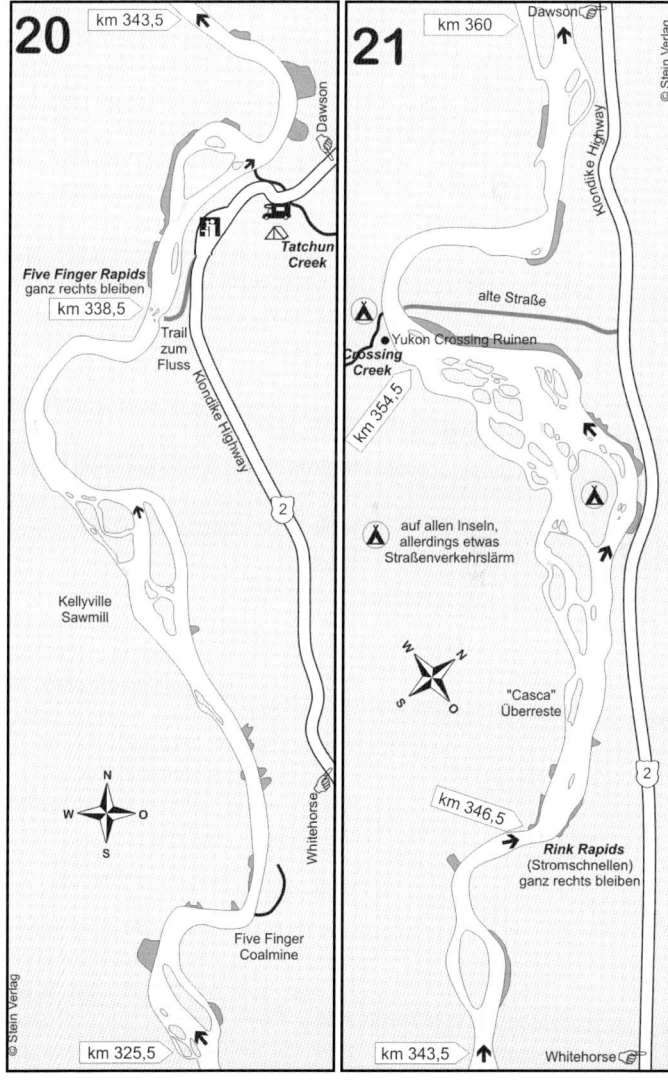

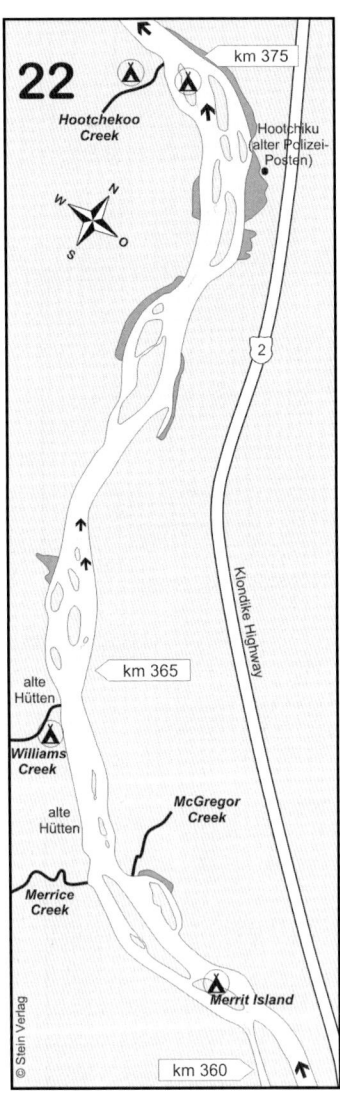

Die alten Flussdampfer benutzten den rechten Arm der Rapids in beiden Richtungen. Für die Fahrt flussaufwärts wurde ein Kabelsystem benutzt, das den Dampfern durch die Öffnung half. Die Five Finger Rapids waren vor langer Zeit sicherlich ein riesiger Wasserfall. Vor Abertausenden von Jahren wurden diese Öffnungen vom Fluss aus dem Fels ausgegraben. Auch hier gab es Pläne, einen Staudamm zu bauen. Zum Glück wurden sie ebenfalls nicht realisiert.

Das Wasser fließt sehr schnell und man sollte gradlinig mit dem Fluss weitertreiben, links an der unterhalb liegenden Insel vorbei, um hinter der Insel rechts in den **Tatchun-Creek-Arm** einzubiegen.

Am **Tatchun Creek** befindet sich ein staatlicher Zeltplatz. Er liegt rechts (Ost) vom **Klondike Highway**, ist oft von Autotouristen gänzlich belegt und für Flussfahrer zu weit entfernt. Es ist vielleicht am besten, auf dem Fluss zu bleiben, um die zweiten Stromschnellen des Tages zu bewältigen.

Rink Rapids

Nur 9 km unterhalb der Five Finger Rapids kommt man zu den nicht überhörbaren Rink Rapids. Auch hier ist die äußere rechte Flussseite am sichersten. Wenn das weiß schäumende Wasser der

Rink Rapids in Sicht kommt, scheint der Fluss in gesamter Breite in Aufruhr zu sein. Erst in letzter Minute öffnet sich ein verhältnismäßig ruhiger Kanal auf der rechten Flussseite.

Viele Flussdampfer kamen hier zu Schaden, aber während der Zeit der Schaufelraddampfer sind viele der gefährlichsten Felshindernisse weggesprengt worden. Auf den nächsten 8 km bis Yukon Crossing verbreitert sich der Fluss zunehmend und bekommt zahlreiche Inseln, Sand- und Geröllbänke und flache Seitenkanäle.

⚠ Die meisten dieser Inseln bieten gute und versteckt gelegene Zeltmöglichkeiten.

☺ Flöße sollten wegen der besseren Strömung und motorisierte Boote wegen des Tiefgangs im rechts liegenden Hauptkanal bleiben. Alle anderen Boote können sich frei in der ausschweifenden Kanal- und Inselwelt bewegen.

Auf der linken Flussseite, wo der Fluss wieder enger wird, liegt das frühere Rivercamp Yukon Crossing. Hier führte die Winterstraße über den Fluss, die Whitehorse mit Dawson City verband, bevor der Klondike Highway fertig gestellt wurde. Einige Grundmauern stehen noch, ebenso große Stapel von

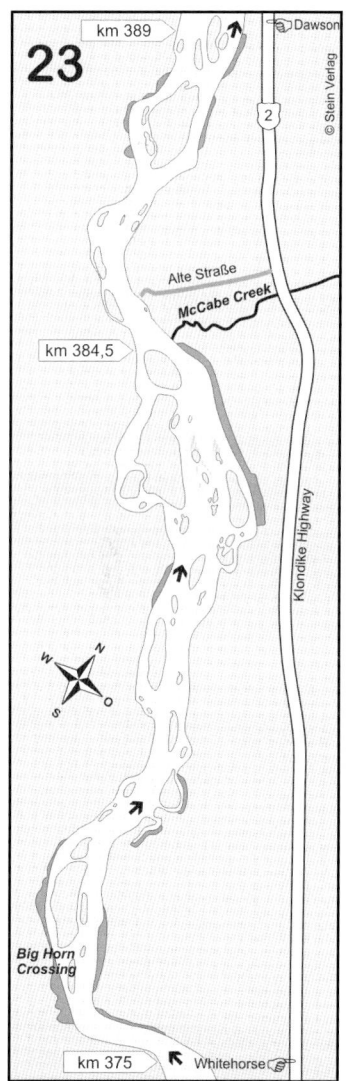

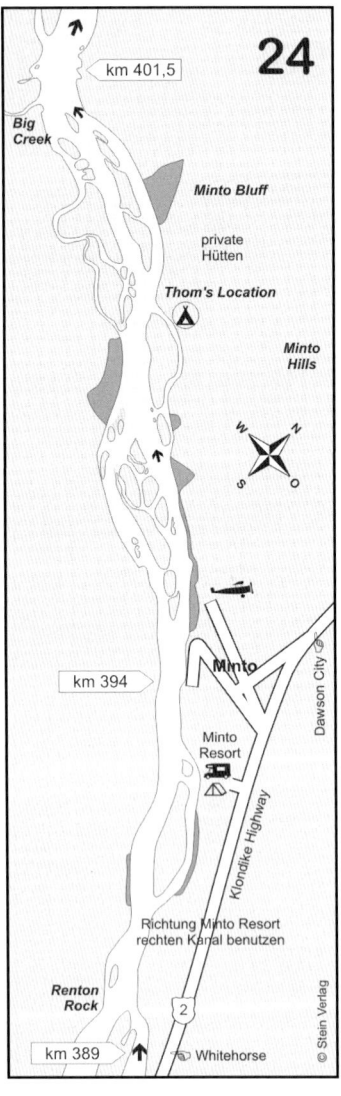

Feuerholz, das für die Flussdampfer bestimmt war - und nicht für heutige Flussfahrer!

11 km weiter auf der linken Flussseite kommt man zum **Williams Creek**, wo zwischen 1900 und 1930 Kupfer, Gold und Silber gefördert wurden. Viele alte Maschinenteile und Gebäudereste sind entlang des Williams Creek verstreut zu finden. In den letzten Jahren haben Goldsucher hier erneut ihr Glück versucht.

Die nächsten Kilometer und weiter bis Minto Landing folgt der Klondike Highway dem Yukon auf der rechten, östlichen Seite.

Minto

Von Minto sind es noch weitere 320 Flusskilometer nach Dawson City. Ein ersten Privathäuser kündigen den letzten Ort vor Dawson City an, wo der Fluss verlassen und der Weg auch auf der Straße fortgesetzt werden kann. Minto, benannt nach dem ehemaligen Staatspräsidenten Lord Minto, war viele Generationen lang eine Ansiedlung des Tutchonen-Stammes. Die einheimischen Indianer nennen diesen Ort Kitl-Ah-Gon, was so viel wie „Der Platz zwischen den Hügeln" bedeutet.

Während der **Klondike Highway** gebaut wurde, war Minto ein wichtiger Umschlagplatz, an dem Flussdampfer Baumaterial und Arbeiter anlandeten.

Minto verlor an Bedeutung, nachdem die Landstraße in den 1960er-Jahren fertig gestellt war.

Der Landeplatz, um an den Klondike Highway und zum Minto Resort zu gelangen, liegt am rechten Ufer.

⚠ Wer in Carmacks vergessen hat, warm zu duschen, kann es im Minto Resort, etwa 1 km vor Minto Landing, nachholen. Dieser Privatzeltplatz hat neben Stellmöglichkeiten für Zelte auch Hütten, 🚿 Duschen, 🧺 Waschmaschinen und 🍴 eine kleine Snack-Bar.
- ☏ 867-633-52 51, FAX 867-667-69 60 oder Radiotelefon „ZM8419 Minto" (erreichbar über „0" Operator), $ 15 pro Zelt.

Auf den nächsten Flusskilometern unterhalb von Minto Landing gab es während der Flussdampferzeit mehrere Gemüsefarmen.

Thom's Location war eine solche Farm, andere lagen am Big Creek und am Carpenters Slough. Bis etwa 1930 wurde hier auch Getreide angebaut und Viehzucht betrieben. Manche der Gebäude oder deren Überreste sind noch auffindbar. Möglicherweise sind sie bewohnt - das ändert sich häufig.

Hell's Gate
Eine Unzahl von Inseln, Seitenarmen und Sandbänken verbreitert den Fluss

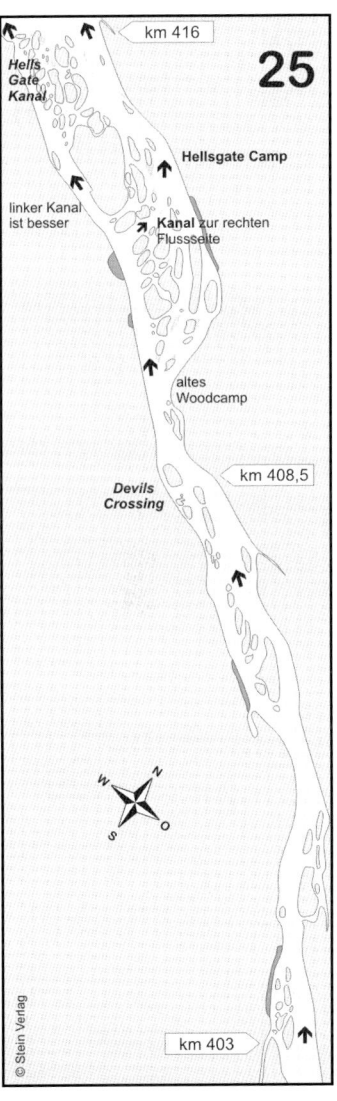

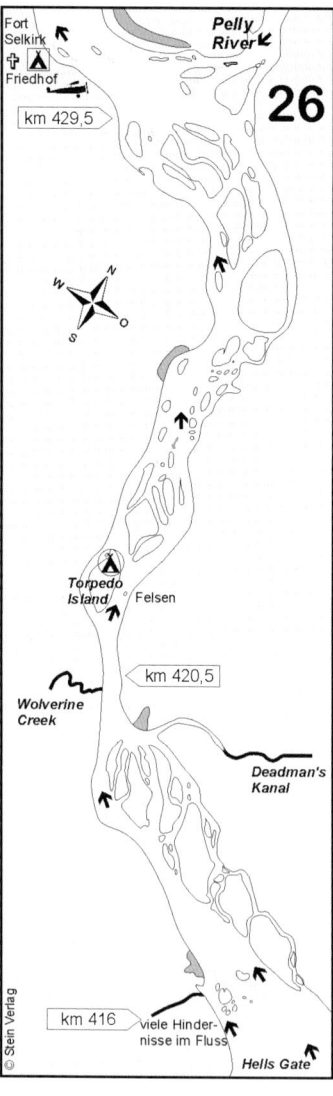

auf das Dreifache. Der für Flussdampfer sehr schwierig zu befahrende Teil des Flusses mit dem sinnigen Namen Höllentor ist für den heutigen Flussfahrer interessant und abwechslungsreich. Das Wasser ist flach und fließt schnell, sodass Hindernisse im Wasser, z.B. festliegende Bäume und dergleichen, frühzeitig erkannt und umfahren werden müssen. Es ist besser, auf der linken Flussseite zu bleiben.

Der Hauptkanal liegt links gleich hinter dem **Devil's Crossing**, um dann rechts durch ein Labyrinth von Inseln und Kanälen zu fließen. Flussdampfer saßen oft fest und es gab mehrere Versuche, dauerhafte Kanäle durch Flussbefestigungen zu schaffen. Floßfahrer müssen aufpassen, nicht nur den Hauptkanal zu finden, sondern auch dort zu bleiben.

Pelly River

Etwa 430 Flusskilometer von Whitehorse entfernt erreicht der Traveller die Mündung des Pelly River, der von rechts in den Yukon fließt.

Der Hudson-Bay-Company-Pelzhändler und Entdecker Robert Campbell war der erste weiße Mann, der im Jahre 1840 etwa 500 km oberhalb des Pelly-Flusses einen Handelsposten eröffnete. 1843 ließ er sich mit einer Gruppe von Indianern den Pelly hinuntertreiben, und war somit auch der erste Pelzhändler, der den Oberlauf des Yukon befuhr. Russische Pelzjäger hatten schon Jahre vorher den unteren Lauf des Yukon in Alaska besiedelt.

Allerdings glaubte Robert Campbell, dass der Pelly River der Hauptfluss wäre und gab dem jetzigen Yukon einen Seitenarmstatus mit dem Namen *Lewes River*. Es war auch Campbell, der 1843 **Fort Selkirk** als Handelsposten erbaute.

Der Pelly River und ein Seitenarm, der **South Macmillan River**, sind zwei interessante Flüsse für erfahrene Wildnispaddler. Von beiden ist der South Macmillan River der am meisten befahrene. Der Start erfolgt meist an der Canol Road, von dort sind es etwa 500 Flusskilometer bis zu der Einmündung in den Yukon. Beide Flüsse haben eine Stromschnelle (Schwierigkeitsgrad zwischen 3 und 4), aber besonders die Pelly-Stromschnellen könnten unbefahrbar sein. Mit dem Zufluss des Pelly wird der Yukon um eine gute Wassermenge reicher.

Fort Selkirk

Das Fort liegt hoch über dem Yukon, direkt unterhalb vom Pelly River auf dem linken Flussufer. Viele Gebäude in Fort Selkirk sind in den letzten Jahren renoviert worden und der Ort erscheint fast genauso wie vor 100 Jahren.

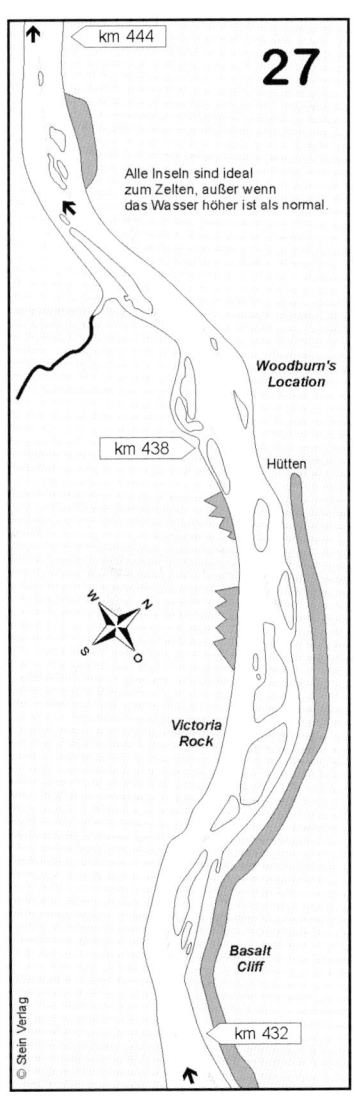

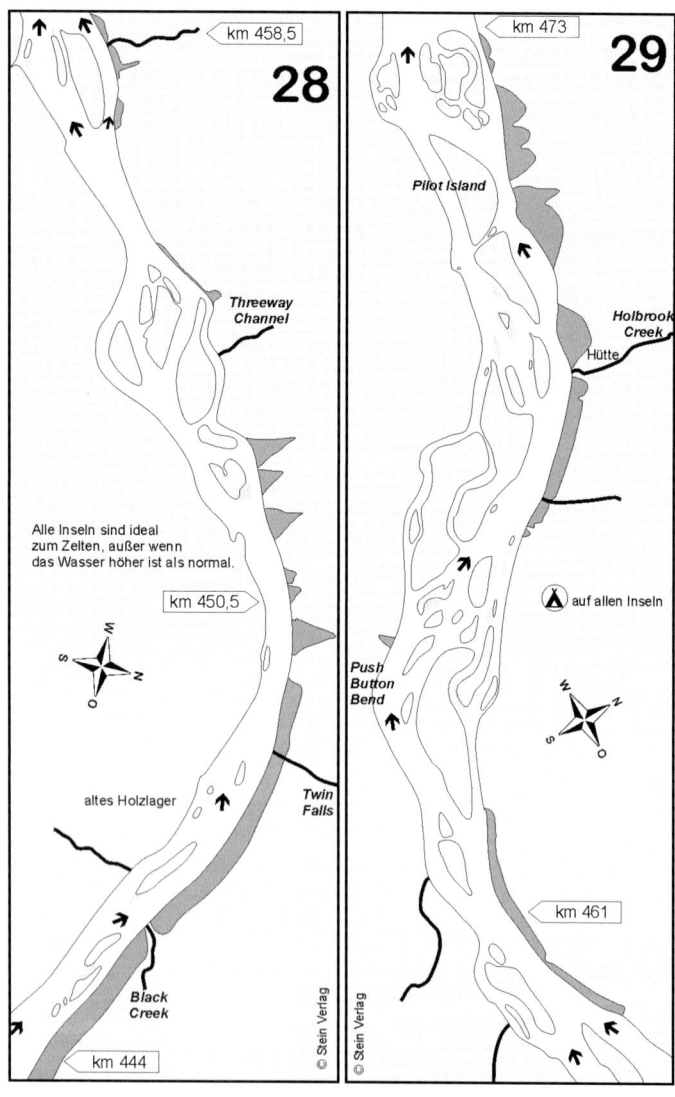

Von Carmacks nach Dawson City

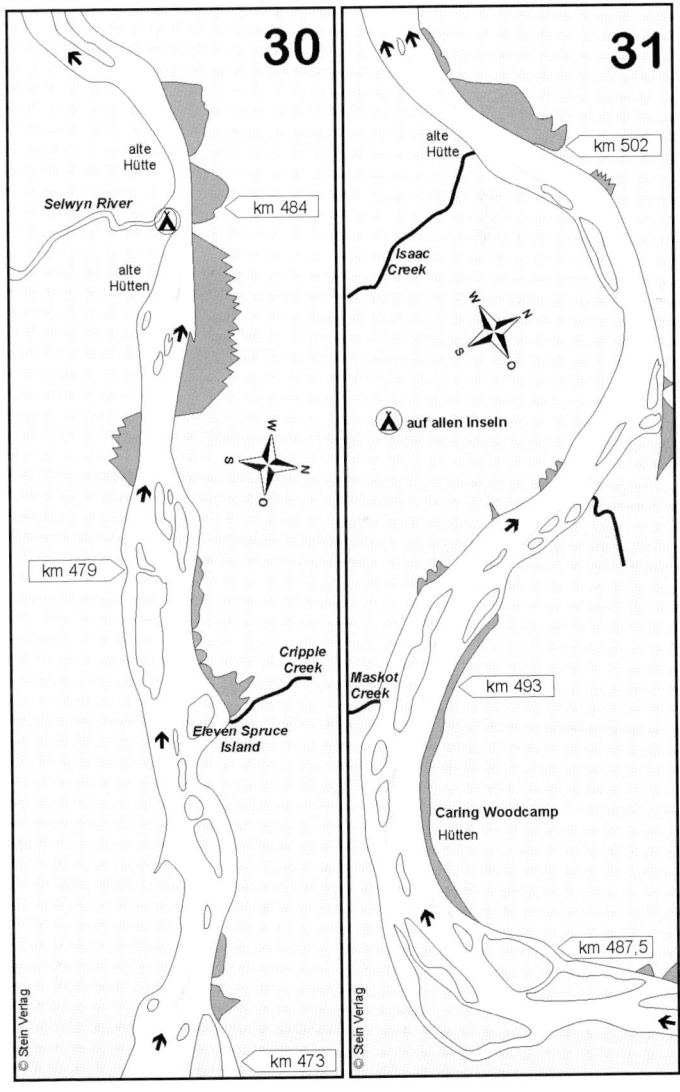

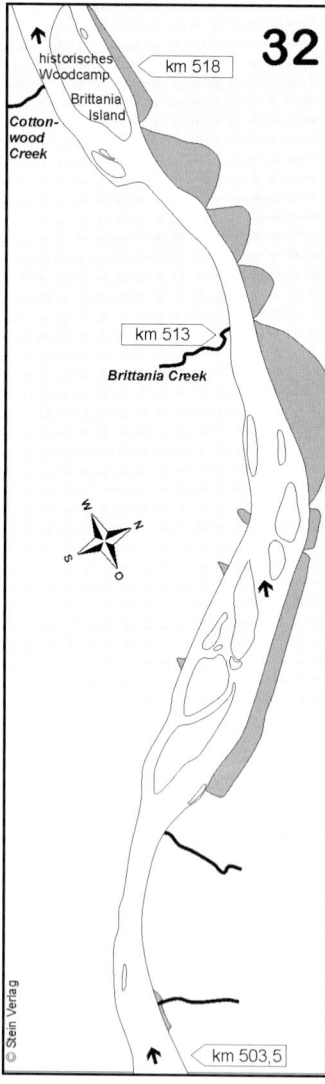

Mehrere Kirchen, Hotels, Geschäfte, Schulen und Tanzsäle machten aus Fort Selkirk einen lebhaften Handelsplatz, besonders nachdem Gold am Klondike gefunden wurde.

Als zwischen Dawson City und Whitehorse ein Flugdienst eingerichtet wurde, war Fort Selkirk ein planmäßiger Zwischenstopp. Mit dem Bau der Landstraße zwischen diesen Städten verlor es jedoch an Bedeutung und auch die meisten seiner Einwohner zogen fort. Für viele Jahre lebte hier Danny Roberts als Wächter des Ortes, der mit einem Gästebuch jeden Besucher persönlich begrüßte. Er ist leider im Sommer 2000 verstorben.

Fort Selkirk ist eine „Yukon Heritage Site", es wird vom Staat unterstützt und von Mitgliedern der Selkirk First Nation (Pelly Crossing) geführt. Die Renovierung ist aber noch nicht abgeschlossen. Ein paar Minuten Fußweg entfernt lohnt der Besuch eines indianischen Friedhofs. Hinweise auf indianische Jäger, die hier gefunden wurden, sind fast 5.000 Jahre alt.

⚠ Zelten ist gratis, Trinkwasser, Schutzhütte und „Yukon-Dusche" sowie bärensichere Behälter.

✋ Der Fluss vor dem Fort fließt sehr schnell und Sie müssen sich rechtzeitig nach links einfädeln, um nicht zu weit flussabwärts abgetrieben zu werden.

☺ **Geführte Flusstouren** nach Fort Selkirk gibt es vom Minto Resort, Carmacks und vom Dorf Pelly Crossing aus. Von Dawson City aus können Kanutrips von diesen Orten nach Dawson City zurück organisiert werden.

Viele der **Creeks**, die ab hier in den Yukon einmünden, waren zur Zeit der Flussdampfer bewohnt. Einige waren goldhaltig, andere wurden zum Anbau von Getreide und Gemüse genutzt.

Von den Bächen sind viele immer noch goldhaltig und werden bearbeitet. An manchen leben die Familien auch im Winter, teilweise vom Goldwaschen, Fallenstellen, Gemüseanbau oder Lachsfang.

Diese Zivilisationsflüchtlinge schätzen ihr abgeschlossenes Privatleben über alles und täglicher Besuch von Flussfahrern ist meist nicht gewünscht. Sollte ein Creek offensichtlich bewohnt sein, aber niemand befindet sich auf dem Grundstück (kein Boot am Strand!), wäre es recht unhöflich, durch das Gelände zu stöbern oder sein Zelt im Vorgarten aufzubauen.

Bewohnt sind **Isaac Creek**, **Ballarat Creek**, **Coffee Creek**, **Kirkman Creek** sowie **Thistle Creek** und **Stewart River Island**. Manche der nicht genannten Creeks sind nicht oder nicht immer bewohnt - es ändert sich von Jahr zu

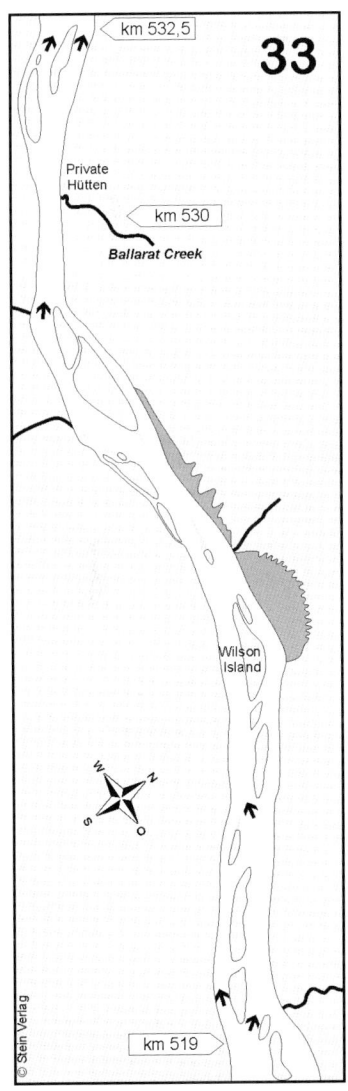

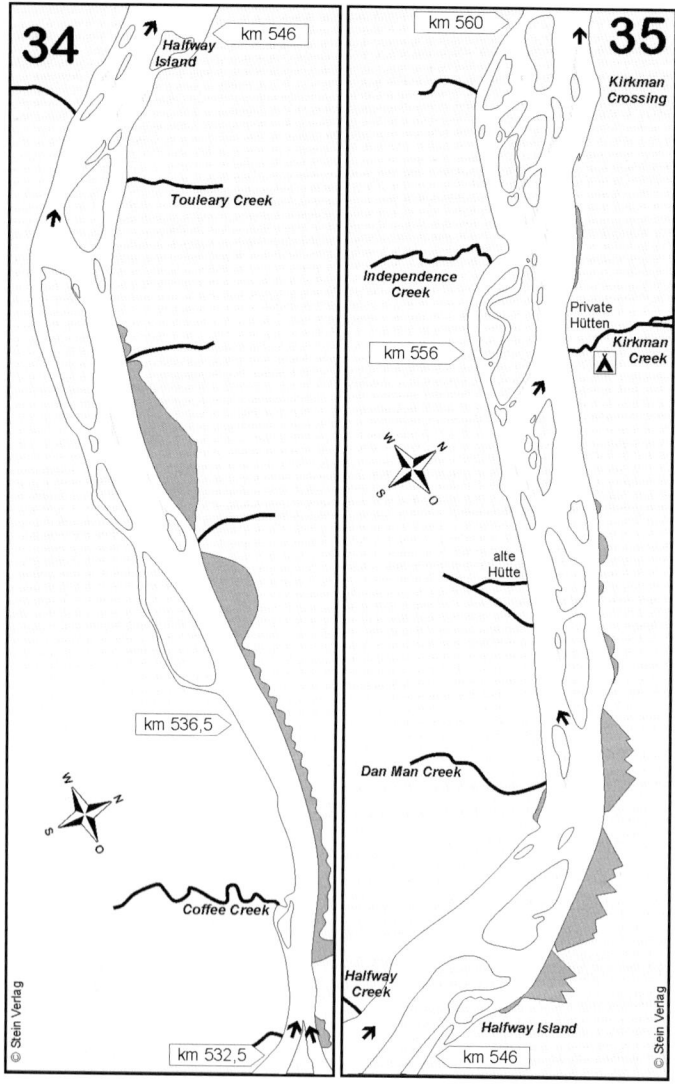

Jahr. Auch die oben genannten Plätze können das eine oder andere Jahr leer stehen. Am **Coffee Creek** beispielsweise waren die Hütten im Sommer 1999 verlassen. Dann wurde Coffee Creek zu einem beliebten Haltepunkt für Flussfahrer mit Duschen, Zeltmöglichkeiten und frisch gebackenem Brot - seit 2003 ist Coffee Creek wieder verlassen und die Hütten sind Ruinen.

⚠ Heutzutage ist es **Kirkman Creek**, das Flussfahrer mit frisch gebrautem Kaffee und Kuchen, Mahlzeiten und Zeltmöglichkeiten begrüßt - Rachel und ihre Kinder leben schon seit vielen Jahren jeden Sommer auf dem Anwesen. Zelten kostet $ 5 pro Person.

⚠ Die besten Zeltmöglichkeiten befinden sich auf offenen Plätzen, meist auf Inseln - das Mückenproblem ist damit in weiten Teilen gelöst.

White River

Der Zufluss des White River liegt etwa 150 km unterhalb von Fort Selkirk und Sie können ihn gar nicht übersehen: Innerhalb kurzer Zeit verwandelt sich der mehr oder weniger klare und blaue Yukon in eine kaffeebraune Brühe. Das Wasser ist jedoch nicht schmutzig. Der feine Sand, den der White River mit sich trägt, kommt von den Gletschern der St. Elias Mountains und von einer bis zu

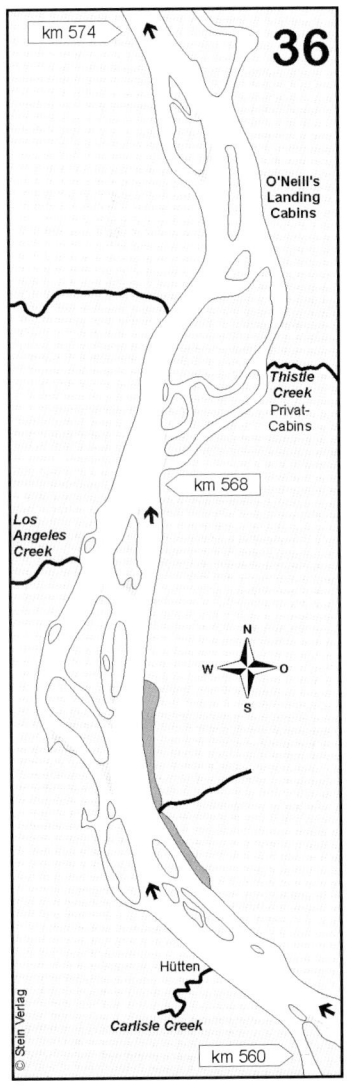

30 m dicken vulkanischen Ascheschicht, die sich in Laufe von Jahrtausenden im White River Valley abgesetzt hat. Der letzte Vulkanausbruch war der des Mount Katmai, der 1912 eine riesige Wolke vulkanischer Asche über das Tal des White River verteilte.

Der **White River** und der **Donjek River**, der in den White River mündet, werden nur von wenigen Paddlern befahren. In beide Flüsse kann vom Alaska Highway, am **Kluane National Park**, eingestiegen werden.

Die Entfernung vom Alaska Highway bis zur Einmündung in den Yukon beträgt ca. 325 km und kann in ungefähr einer Woche zurückgelegt werden. Beide Flüsse sind nicht ungefährlich. Sie sind breit, weitläufig und haben unzählige flache Seitenarme und Kanäle mit vielen Baumhindernissen.

Große Sandbänke, die vor allem bei Niedrigwasser auftauchen, verleihen dem Tal einen wüstenartigen Charakter. Das Wasser aus dem Fluss ist ohne vorheriges Filtern ungenießbar. Flusswasser, das abends in ein hohes Gefäß gegossen wird, setzt sich aber über Nacht genügend ab, um am nächsten Tag benutzbar zu sein. Das Geräusch reibenden, feinen Sandes an der Außenhaut der Boote begleiten den Flussfahrer vom Zufluss des White River bis zur Mündung des Yukon an der Beringstraße erhalten. 1983 wurden Tests an der Mündung des White River durchgeführt. Dabei wurde festgestellt, dass alle 24 Stunden etwa 300 Tonnen Sand aus dem White River in den Yukon gespült werden.

Stewart River

15 km unterhalb des White River mündet der Stewart River, ein weiterer großer Strom, in den Yukon. Auch der Stewart River kann fast in ganzer Länge, via Hess-River-Seitenarm, befahren werden, aber nur von Paddlern mit Wildwasser-Erfahrung.

Stewart Island

Die Insel liegt mitten in der Mündung des Stewart River. Der bis kürzlich noch bewohnte Teil befindet sich wenige 100 m unterhalb des nördlichsten Armes des Stewart River.

Stewart Island, früher bekannt als Stewart City, ist seit 1849 bewohnt, frühe Niederlassungen der einheimischen Indianer nicht mitgerechnet. Ohne archäologischen Beweis wird sogar angenommen, dass diese Insel für einen

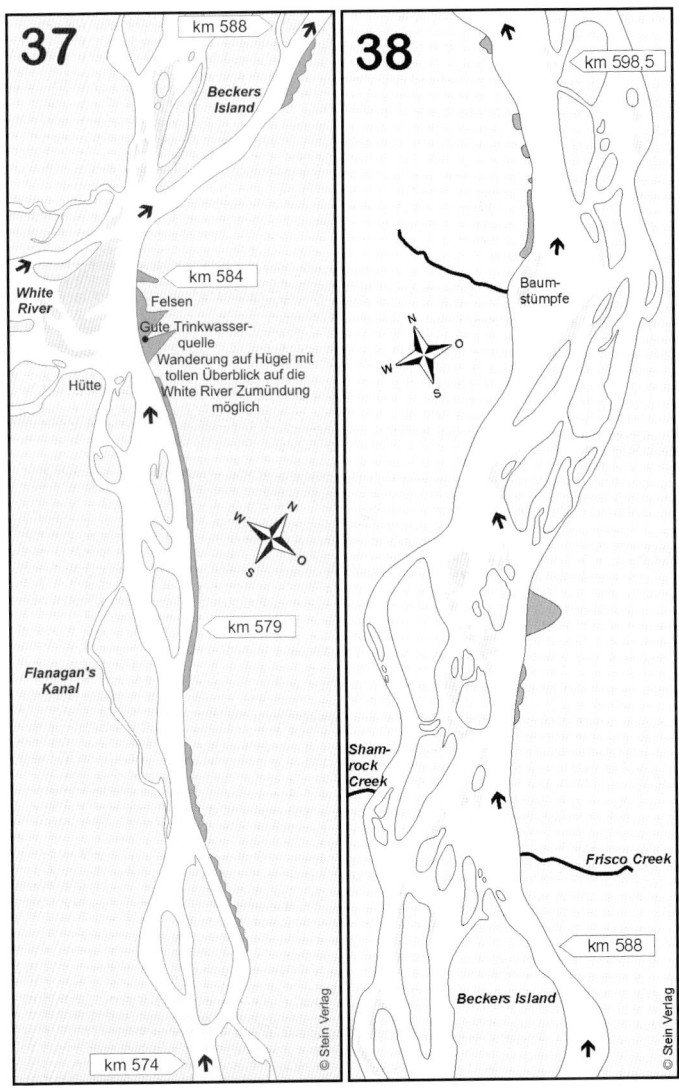

relativ kurzen Zeitraum als Handelsstützpunkt der flussaufwärts reisenden russischen Pelzhändler diente. Auf jeden Fall aber war sie viele Jahre lang ein Warenumschlagplatz für die Flussdampfer, die den Stewart River oder den Yukon befuhren.

Goldfunde in umliegenden Creeks bescherten dieser Insel in den ersten Jahren des 20. Jahrhunderts fast 300 Einwohner. Ende der 1930er-Jahre kaufte ein gewisser Rudy Burian Teile der Insel sowie einige noch vorhandene Gebäude. Rudy verstarb vor vielen Jahren, aber seine Frau und Kinder sind immer noch im Besitz des Grundeigentums, wohnen dort jedoch nicht mehr. Mehrere Jahre gab es sogar eine offizielle Jugendherberge in einer der Hütten, einen Lebensmittelladen sowie ein Museum. Die Geschäfte sind nunmehr geschlossen und immer mehr Gebäude fallen dem Fluss zum Opfer. Seit Jahren schon reißt die gewaltige Macht des Wassers mehr Land der Insel in die Fluten, und seit 2005 ist der Fluss nur noch eine Handbreit von den Gebäuden entfernt.

Es lohnt sich, hier anzuhalten, aber rechnen Sie nicht damit, auch übernachten zu können.

☺ Der Stewart/Yukon bietet die Möglichkeit für eine interessante drei- bis fünftägige Kanufahrt, die von Dawson City aus organisiert werden kann.

Jack Londons Hütte

Auf der rechten Flussseite, unterhalb und etwas versteckt hinter Stewart Island, befindet sich der **Henderson Creek**. Der Bach ist nach dem Goldsucher benannt, auf dessen Tipp hin die drei Entdecker Skookum Jim, George Carmacks und Tagish Charlie einen der größten Goldfunde der Geschichte machten. Henderson suchte an diesem Bach nach Gold, fand aber nur wenig.

Jahre später versuchte es ein weiterer Mann, der ebenfalls kein Gold fand, dafür aber authentische Geschichten, die ihn Jahre später zu einem der meistgelesenen Schriftsteller dieser Zeit machten: Jack London. Acht Monate lang teilte sich London im Winter 1897/98 eine Hütte am linken, nördlichen Arm des Henderson Creek mit mehreren Männern und Hunden. Obwohl er an diesem Bach auch seinen eigenen Goldclaim absteckte, wurde dieser nie von ihm bearbeitet.

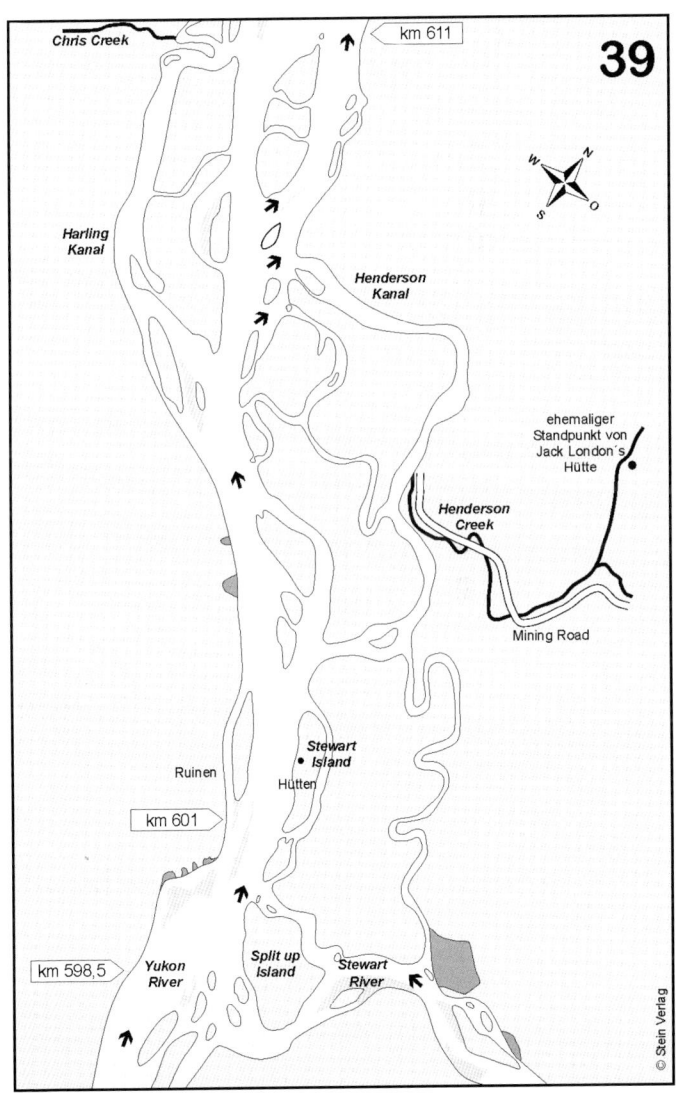

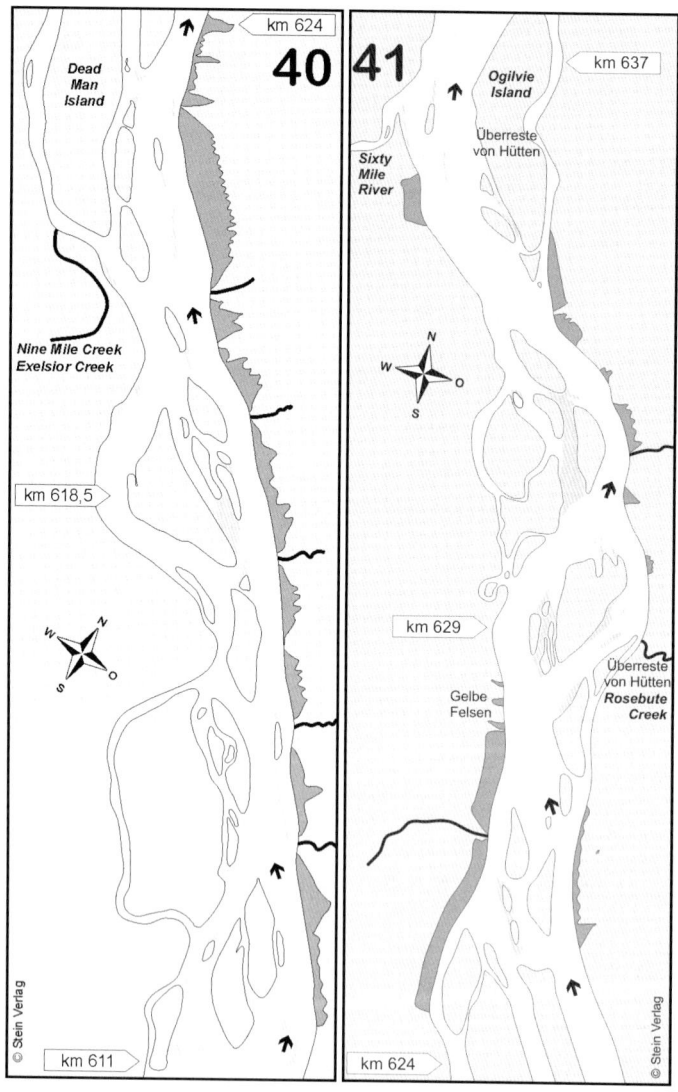

Von Carmacks nach Dawson City 175

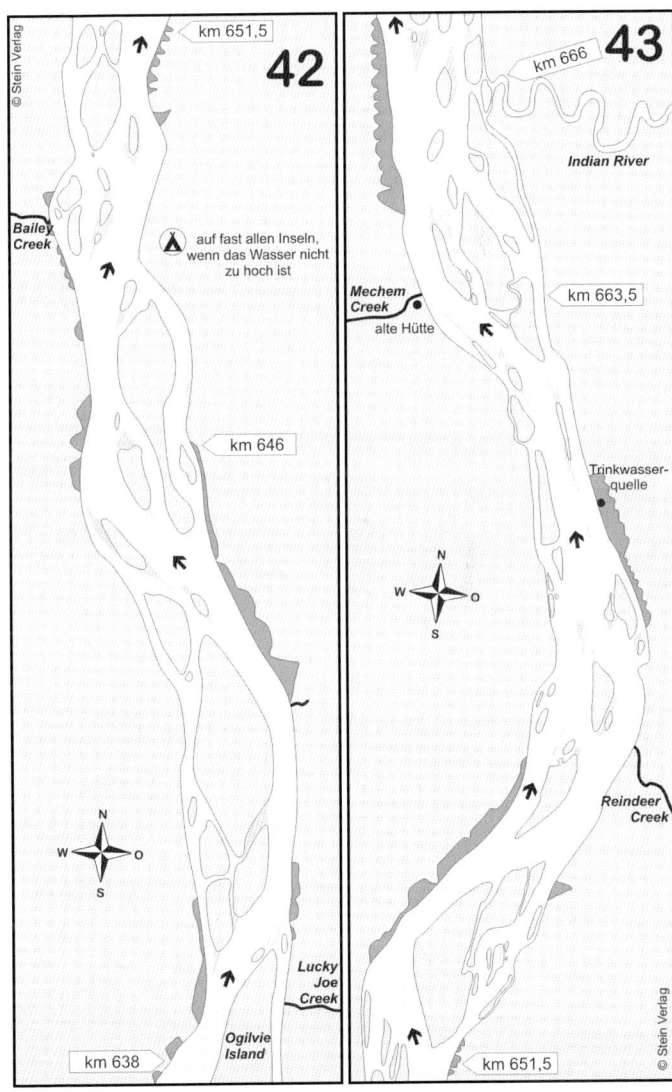

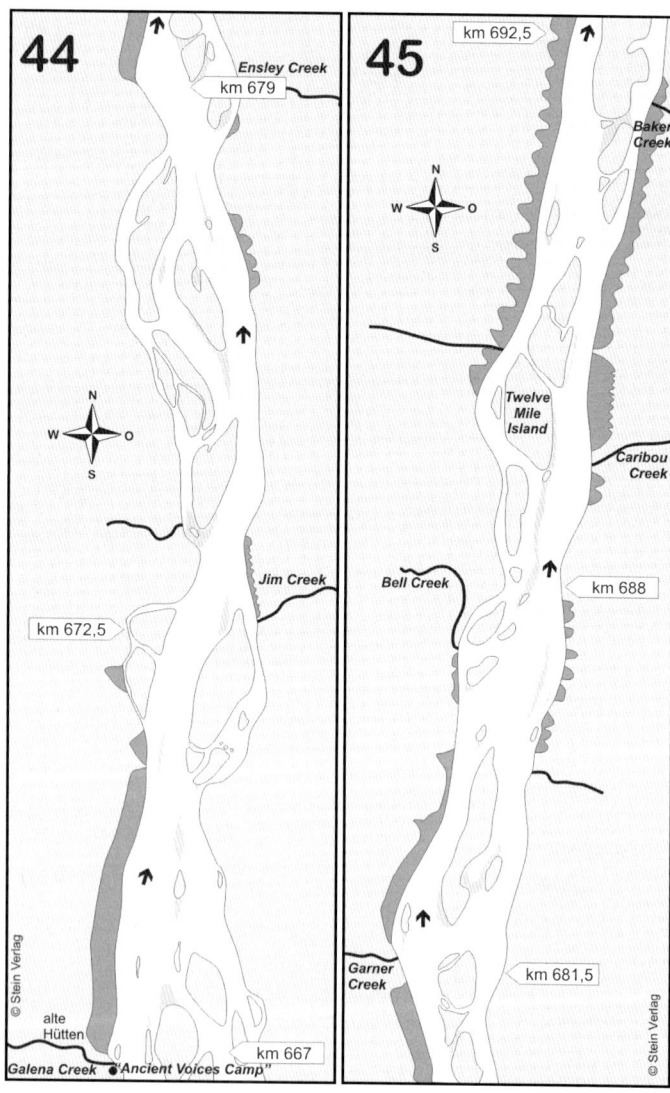

Von Carmacks nach Dawson City

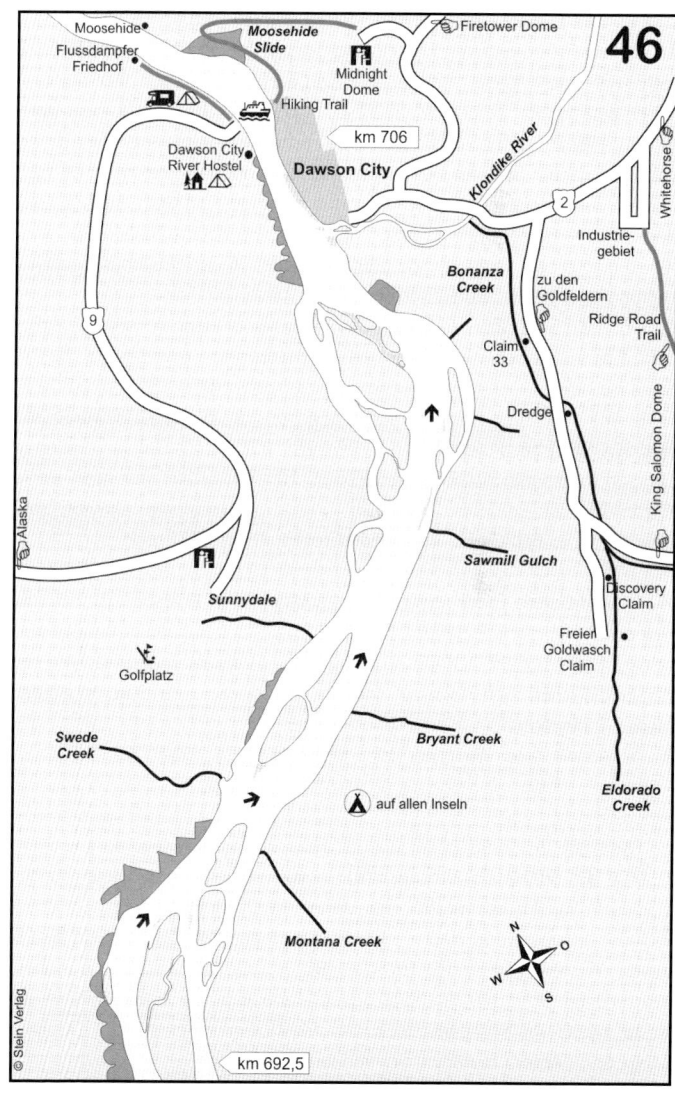

Die Hütte, in der Jack London diesen Winter verbrachte, befand sich 28 km vom Yukon entfernt. Der einzige Beweis, dass er wirklich darin gelebt hatte, war eine Kritzelei von ihm an einem der Holzstämme: „Jack London, miner, author, Jan. 27. 1898". Inzwischen steht die Hütte nicht mehr dort. In den 1960er-Jahren, nachdem sie als echt anerkannt wurde, wurde sie abgebaut. Heute befindet sich ein Teil im Jack London Museum in Dawson und ein Teil im Hafengebiet der kalifornischen Stadt Oakland, am Jack London Square. Beide Hütten wurden mit originalen Baumstämmen der alten Blockhütte gebaut und fehlende Stämme wurden in der Umgebung gefällt - so können beide als authentisch angesehen werden.

Dort, wo sie früher stand, gibt es heute nichts mehr zu sehen - außer dem, was immer schon dort gewesen ist: ein feuchtes, urwüchsiges, bewaldetes Bachtal.

Je weiter sich der Fluss Dawson City nähert, desto intensiver wurde und wird das Land am Fluss genutzt. Viehzucht und Gemüseanbau versorgten Dawson früher mit frischen Erzeugnissen. Heute wird hier nur noch wenig Agrarwirtschaft betrieben. Fast alle Creeks oberhalb von Dawson sind bewohnt - der **Bell Creek**, der **Swede Creek** und der **OK Creek**.

Am **Galena Creek**, etwa 35 Flusskilometer von Dawson City, befindet sich das Ancient Voices Wilderness Camp. Hier können Paddler ihr Zelt aufschlagen ($ 48) oder sich für zwei Tage ($ 314) bis 14 Tage ($ 2.749) mit der indianischen Kultur vertraut machen. Tagestouren von Dawson werden für $ 98 angeboten.

♦ Ancient Voices Wilderness Camp, ☏ 993-56 05, FAX 993-65 32,
 info@ancientvoices.ca, www.ancientvoices.ca

Die letzte Inselkette, bevor sich der Fluss vor Dawson sehr stark verengt, verbirgt das **Sunnydale-Anbaugebiet**. Damals wie heute leben viele Familien in diesem flachen Tal, und für den Verkauf in Dawson City wird hier etwas Gemüse angebaut und Heu produziert. Der **Sunnydale Channel**, ein bevorzugter Winterliegeplatz für Flussdampfer, ist nur bei ausreichend hohem Wasserstand befahrbar. Im Spätsommer kann man bei Niedrigwasser die Reste zweier im Schlamm steckender Flussdampfer sehen: Die Dampfer Mona und Glenora brannten hier im Jahre 1902 aus.

Bevor die ersten Gebäude der Stadt in Sicht kommen, ist schon von Weitem der Moosehide Slide zu sehen. Die Erdrutschnarbe ragt hoch über dem Nordende der Stadt auf. Von rechts mündet der Klondike River in den Yukon. Das zur Abwechslung einmal wieder klare Wasser fließt für einige Zeit parallel und vermischt sich erst später mit der trüben Brühe.

⚠ Zwei Zeltplätze befinden sich auf der linken Flussseite. Zuerst kommt das Dawson City River Hostel (🖥 www.yukonhostels.com) in Sicht. Das Hostel bietet Zeltplätze ($ 20 für zwei Personen) und Schlafplätze in einfachen Blockhütten. Es gibt eine Küche, eine Gemeinschaftshütte und drei Sauna-Badehäuser. Der Inhaber Dieter Reinmuth ist Deutsch-Kanadier und hat zweifellos die originellste Unterkunft in Dawson City geschaffen.

⚠ Hinter der Fähranlegestelle liegt der stattliche Zeltplatz ($ 12 pro Zelt). Es gibt dort Wasser, jedoch keine Duschen. Mit der kostenlosen Fähre könne Sie in wenigen Minuten nach Dawson gelangen.

⚠ In der Stadt gibt es zwar auch einen Campingplatz, aber der liegt fünf Blocks vom Wasser entfernt und ist eher für Wohnmobile ausgelegt. Allerdings kann man dort gegen Gebühr ($ 2) die 🚿 Duschen benutzen und Trinkwasser abfüllen.

🛏 Etwa zwei Dutzend Hotels in allen Preiskategorien findet derjenige, der nicht (mehr) zelten möchte.

Buchtipp aus dem Conrad Stein Verlag

Dieter Reinmuth
Kanada: Yukon Kanu- und Floßtour
OutdoorHandbuch Band 19
Der Weg ist das Ziel
156 Seiten, 16 farbige und
21 schwarzweiße Abbildungen
49 Kartenskizzen
ISBN 978-3-86686-019-3

Reisetipps von A bis Z

Anreise

Am bequemsten und schnellsten ist zweifellos der Direktflug Frankfurt - Whitehorse/Kanada mit Condor. Bei Gabelflügen amerikanischer Fluggesellschaften lassen sich viele Orte kombinieren. Wir flogen von Europa nach Vancouver/Kanada und zurück von Anchorage/Alaska. Egal in welchem Provinznest man in Alaska aus dem Kanu steigt - einen Flughafen gibt es immer und meistens lässt sich auch innerhalb weniger Tage ein Flug nach Anchorage organisieren - gutes Wetter vorausgesetzt.

Wir wählten zur Anreise den Weg, den viele Goldsucher vor mehr als 100 Jahren auch nahmen: das Schiff von Bellingham/Washington (ca. 70 km südlich von Vancouver) nach Skagway/Alaska (💻 www.ferryalaska.com). Die Fahrt dauert rund drei Tage und ist mit ca. $ 400 pro Person nicht billig, aber ein sehr bequemer Einstieg in das Abenteuer Yukon. Von dort kann man über die Grenze in Richtung Whitehorse zu Fuß gehen: Der berühmte „Chilkoot Trail" führt über die Berge und ist durch Fotos mit den endlosen Schlangen bepackter Goldsucher bekannt geworden. Der Trail wird allerdings erst Mitte Juni geöffnet. Wer, so wie wir, eher unterwegs ist, kann die historische Bahnlinie benutzen, die sich in endlosen Kurven den benachbarten Pass hinaufschlängelt. In beiden Fällen wird man die restlichen Kilometer bis Whitehorse jedoch mit dem Bus zurück legen müssen.

Angeln

Für das Angeln braucht man in Kanada einen Angelschein - auch wenn man es nur einmal „ausprobieren" möchte. Das sollte man ernst nehmen, denn die Strafen können empfindlich sein. Einige Geschäfte und die Touristeninformation verkaufen die Angelscheine. Für Lachse benötigt man übrigens eine zusätzliche Lachsfangkarte.

Ausrüstung

Sicherlich wird man einen Teil der Ausrüstung von Zuhause mitnehmen wollen. Wer direkt nach Whitehorse fliegt, ist da natürlich im Vorteil. Im Ort gibt es drei Trekkinggeschäfte, die keine Wünsche offen lassen. Zwei der großen

Supermärkte (Walmart und Canadian Tire) bieten ebenfalls Campingausrüstung an. Wer sich kein Kanu leiht, sondern eines kaufen möchte, kann dies im Vorfeld bereits bei den Bootsverleihern probieren. Diese ersetzten ihre Kanus alle paar Jahre, und so kamen auch wir recht preisgünstig zu einem guten Boot. Natürlich ist auch eine Suche vor Ort z.B. über Kleinanzeigen möglich - dafür muss aber etwas mehr Zeit eingeplant werden.

Sehr schwer vor Ort zu bekommen waren erstaunlicherweise die Lebensmitteltonnen. Lediglich kleine bärensichere Behälter wurden uns angeboten. Wir hatten das Glück, bei einem der Kanuvermieter zwei 80-Liter-Tonnen erstehen zu können. Sie aus Deutschland mitzubringen, scheint aber der sicherste Weg zu sein.

Ein regendichtes Zelt und warme Schlafsäcke sind sicherlich selbstverständlich, ebenso ein Ersatzpaddel. Handschuhe haben uns beim Paddeln gute Dienste geleistet. Ab Ende Juli sollten diese nicht nur wasserdicht, sondern auch warm sein.

Mit einem sog. „Spot-Messenger" kann ein Notruf über Satellit abgesetzt werden. Über die mitgesandten Koordinaten wird man fast überall auf der Welt gefunden. Hierzu ist eine entsprechende Versicherung abzuschließen, die aber nicht teuer und auf jeden Fall zu empfehlen ist.

Geld

Ausländische Währungen können in Whitehorse und in Dawson City getauscht werden. Dort gibt es auch Geldautomaten, die unsere EC-Karten nehmen. Für die Weiterfahrt sind Bargeld, Kreditkarte und der gute alte Reisescheck nötig. Dabei muss allerdings auf die richtige Währung geachtet werden: Einen Reiseschecks in kanadischen Dollar wird ein Geschäft in Alaska nicht akzeptieren (und umgekehrt natürlich genauso).

Gesundheit

Der Yukon ist nichts für Anfänger. Immer wieder kommen schlecht vorbereitete Kanuten ums Leben. Dennoch möchte ich grundsätzlich behaupten, dass eine Fahrt über deutsche Autobahnen gefährlicher ist als ein Trip in die Wildnis Nordamerikas - wenn einige Vorsichtsmaßnahmen beachtet werden. Der Yukon hat eine heftige Strömung und das Wasser hat nur etwa 10°C. Unterkühlung ist eine der Haupttodesursachen auf dem Fluss. Kentern sollte man also unbedingt vermeiden. Wenn es doch einmal dazu kommt, sollte man versuchen, beim Kanu zu bleiben und mit dem Boot wieder das Ufer zu erreichen. Ohne Kanu dürfte es schwer werden, wieder zurück in die Zivilisation zu gelangen. Für diese Fälle bieten ein Survivalkurs und entsprechende Literatur im Vorfeld eine gute Vorbereitung.

Information

Die Touristinformation für das Yukon Territorium befindet sich am Rande der Innenstadt von Whitehorse (2nd Avenue/Lambert Street). Hier lassen sich u.a. Stadtpläne und Umgebungskarten, die aktuelle Wettervorhersage und vielen Adressen auch aus der weiteren Umgebung bekommen. Zudem gibt es dort ein öffentliches Telefon, allerdings keinen Internetzugang. Der befindet sich einen Block weiter in der öffentlichen Bücherei (2071 2nd Avenue). Die Benutzung ist kostenlos, allerdings muss man sich registrieren und evtl. auch einen Computer reservieren.

Die Buchhandlung Mac's Fireweed Books (Main Street) bietet neben vielen Landkarten auch deutsche Bücher an. Flussbeschreibungen und topografische Karten gibt es allerdings auch in den Trekkinggeschäften. Wer die Strecke Whitehorse - Dawson City zurücklegen möchte, der findet weitere Infos im Yukon-Kanuführer von Dieter Reinmuth, erschienen im Conrad Stein Verlag.

Kanadier, Kajak oder Floß?

Für den Kanadier spricht ganz klar der zur Verfügung stehende Stauraum. Auch kann man hier die Sitzposition leichter und öfter verändern und sich besser bewegen als im Kajak. Dort ist man zwar recht fixiert, aber dafür ist der Kajak schneller und wendiger. Vor allem bei Gegenwind, wenn die Besatzung des Kanadiers schon aufgeben würde, ist ein Vorwärtskommen noch möglich. Allerdings hat der Kajak nur sehr wenig Stauraum und ist deshalb etwas für echte Minimalisten: Das abendliche Drei-Gänge-Menu dürfte wohl ausfallen, die Nahrung sich weitestgehend aus Trockenprodukten zusammensetzen.

Das Abenteuer schlechthin dürfte die Befahrung des Yukon mit einem Floß sein. Doch so ein Floß kann man in der Regel weder kaufen noch mieten. Wer sich an den Selbstbau wagen möchte, sollte Folgendes bedenken:

Für das Fällen von Bäumen ist eine Genehmigung notwendig und nur mit dem Zusammenbinden einiger Baumstämme ist es auch nicht getan. Ein Floß bietet zwar viel Platz, ist aber schwer zu steuern. Vor allem der Lake Laberge und die Five Finger Rapids sind für Floßfahrer um einiges gefährlicher als für Kanuten. Von einer Floßfahrt über Dawson City hinaus sei darum abgeraten. Das Tragen von Schwimmwesten gilt für alle, immer und ohne Ausnahme!

Post und Telefon
Jedes Dorf am Yukon verfügt inzwischen über eine Poststelle. Briefe zu verschicken und Pakete entgegenzunehmen, ist kein Problem. Öffentliche Telefonzellen sind hingegen selten. Zum Telefonieren braucht man unbedingt eine Prepaid-Karte, die in Whitehorse oder Dawson zu bekommen ist.

Sicherer Umgang mit Bären
Die Gefahr, die von Bären ausgeht, ist relativ gering, wenn grundlegende Vorsichtsmaßnahmen beachtet werden. Beim Wandern durch Gespräche oder mittels einer Bärenglocke Geräusche zu machen, ist eine gute Möglichkeit, den Bären auf sich aufmerksam zu machen. Immer noch gilt, dass der Mensch für den Bären gefährlicher ist als anders herum, weshalb ein Bär - wenn irgend möglich - das Weite suchen wird. Wer doch einen Bär überrascht hat, sollte sich langsam zurückziehen. Weglaufen ist auf jeden Fall verkehrt, denn ein Bär ist ungefähr so schnell wie ein Rennpferd. Die Arme über dem Kopf zu bewegen, macht Sie größer und schüchtert Bären ein, ebenso wie Gruppen von Menschen. Deshalb sollten mehrere Personen immer zusammen bleiben. Verfolgen Sie einen Bären niemals, da er sich sonst wehren wird.

Im Frühjahr, nach dem langen Winterschlaf, sind die Bären hungrig. Das macht sie aggressiver als im Herbst, wenn die Beeren reif sind und die Lachse stromaufwärts ziehen. Eine Bärin mit ihren Jungen ist in jedem Fall gefährlicher als ein einzelnes Tier

Füttern Sie keine Bären. Bären können in etwa so gut sehen wie Menschen und angeblich viel besser hören (wobei wir das nicht feststellen konnten), aber vor allem ist ihr Geruchssinn überragend. Bewahren Sie darum niemals (!) Nahrungsmittel im Zelt auf. Das Gleiche gilt auch für Sonnencreme, Zahnpasta und Kleidung, die Sie beim Kochen von Fleisch oder Fisch getragen haben. All diese Dinge gehören in verschließbare Tonnen, die wenigstens 50 m vom Zelt entfernt stehen sollten. Allerdings ist dies am Yukon nicht immer möglich, da oft der Platz dafür fehlt. Den Hinweis, die Lebensmittel zwischen zwei Bäume zu hängen, kann man weiter im Norden getrost vergessen: Die Bäume sind dafür nicht stark genug.

Wenn ein Bär angreift, weil er sich verteidigen möchte, stellen Sie sich tot, dann wird er sich nicht länger bedroht fühlen. Ist er jedoch auf Nahrungssuche und bricht z.B. in Ihr Zelt ein, dann müssen Sie sich wehren. Die Nase ist die empfindlichste Stelle eines Bären, diese gilt es zu treffen. Das Mitnehmen einer Waffe hatten wir vor der Abreise diskutiert, aber dann wieder verworfen: Einen Bär müsste man gezielt ins Herz treffen, ansonsten wird das verletzte Tier völlig unberechenbar. Ein nicht geübter Schütze wird dies kaum schaffen, eher verletzt er sich selbst.

Ich empfehle die Mitnahme von Bärenspray, einer Art Reizgas, mit dem 98 % aller Bärenangriffe abgewehrt werden können. Für etwa $ 50 kann man dieses Spray in den Trekkinggeschäften kaufen. Es wirkt allerdings nur auf eine kurze Entfernung und den Wind sollte man im Rücken haben.

Beachtet man alle Vorsichtsmaßnahmen, ist ein Angriff extrem unwahrscheinlich. Doch bedenken Sie bitte, dass jeder Bär, abhängig von seinen Lebensumständen und seiner Erfahrung mit Menschen, anders reagieren kann.

Verpflegung

Die drei großen Supermärkte in Whitehorse führen alles, was für eine Tour auf dem Yukon vonnöten ist. Lediglich der Stauraum des Kanus setzt hier die Grenze. Dosen sind praktisch, nehmen aber viel Platz weg. Wir haben versucht, möglichst viele frische Lebensmittel einzukaufen. Das Angebot unterwegs variiert, ist aber nicht ansatzweise mit der Auswahl in Whitehorse zu vergleichen. Dennoch sollte man jede Möglichkeit nutzen, die Vorräte aufzufüllen. Gegenwind oder Sturm können einen tagelang irgendwo festhalten. Wer dann nicht einmal beim Kochen für etwas Abwechslung sorgen kann, wird bald den Lagerkoller bekommen.

Feuerholz war fast immer ausreichend vorhanden. Den Gaskocher haben wir eigentlich nur benutzt, wenn es länger geregnet hat und das Holz richtig nass war. Sehr hilfreich war ein einfacher Rost, den wir über Steine gelegt haben.

Wasser

Normalerweise ist das Wasser des Yukon und seiner Nebenflüsse trinkbar. Lediglich direkt unterhalb von Whitehorse und Dawson City sollte man vermeiden, Wasser aus dem Fluss zu entnehmen. Grund für die bräunliche Färbung ab dem Zufluss des White River sind lediglich Sedimente, sie ist also völlig unbedenklich und verändert nicht einmal den Geschmack. Wer das Wasser abkocht, mit Certisil behandelt oder einen Wasserfilter benutzt, ist natürlich auf der sicheren Seite. Als wir unterwegs waren, gab es leider Wurmlarven im Wasser, die durch Biber verbreitet wurden, sodass das Abkochen oder Behandeln des Wassers notwendig war. In fast jedem Dorf kann man jedoch an der Washeteria seine Kanister kostenlos mit sauberem Wasser auffüllen.

Wetter

Grundsätzlich ist das Wetter im Inland eher beständig und trocken. Je näher man der Beringsee kommt, umso feuchter und ungemütlicher kann es werden. Temperaturen von über 30 Grad sind auch in Alaska möglich. Das Wasser des Yukon erwärmt sich allerdings kaum.

Buchtipp aus dem Conrad Stein Verlag

Michael Hodgson & Meeno Schrader

Wetter
Outdoor-Handbuch
Band 13
Basiswissen für draußen
91 Seiten
32 farbige Abbildungen
21 farbige Illustrationen
ISBN 978-3-86686-013-1

>> **Nordis** Gesamtkatalog: „Bauern mit ihren Regeln sind nicht die zuverlässigsten Meteorologen, und auch der heiße Draht zu Petrus ist nicht jedem gegeben. Aber jeder kann lernen, wie man mit und ohne Instrumente zu einem echten Wetterfrosch wird. Ein handliches Büchlein auch für unterwegs!"

Ausrüstung und Verpflegung für 2 Personen

- ☐ 2 Schwimmwesten
- ☐ 2 Paddel und 1 Ersatzpaddel
- ☐ 2 Schöpfer, 1 Autoschwamm
- ☐ 20 m Seil
- ☐ 2 Seile à 5 m
- ☐ 2 Karabinerhaken mit Seil
- ☐ 1 Axt (nicht gebraucht)
- ☐ 1 Klappspaten (für das persönliche WC)
- ☐ 1 Säge (nie gebraucht, da immer genügend Treibholz vorhanden war)
- ☐ 10 lange Nägel (nicht benötigt)
- ☐ Panzertape, Isolierband
- ☐ 1 Wäscheleine
- ☐ 8 Spanngurte
- ☐ 2 Planen à 3x4 m
- ☐ 1 Zelt mit Ersatzstangen
- ☐ 2 Schlafsäcke (für Frauen mind. bis -10°C Komfortbereich)
- ☐ 2 Isomatten
- ☐ 2 Alumatten (als zusätzliche Kälteisolierung u. Nässeschutz von unten)
- ☐ 2 kleine Kopfkissen
- ☐ 2 Sitzmatten (z.B. Reste einer Isomatte)
- ☐ 7 wasserdichte Packtaschen verschiedener Größen
- ☐ 1 große Ortlieb-Packtasche
- ☐ 1 kleiner Tagesrucksack
- ☐ Angelausrüstung

Bekleidung

- ☐ Regenbekleidung von wirklich guter Qualität!
- ☐ gute Gummistiefel (Alaskaner tragen XtraTufs, kosten jedoch ca. $ 100)
- ☐ Moskitohut und -netz (ab und an wichtig, um nicht völlig zerstochen zu werden)

- ☐ Sonnenhut
- ☐ Teva-Sandalen
- ☐ Handschuhe zum Paddeln (gegen Nässe, Regen und Kälte)
- ☐ Mütze, Schal
- ☐ 1 lange Unterhose, 1 Unterhemd
- ☐ Kleidung zum Schlafen
- ☐ 2 bequeme, schnell trocknende Hosen
- ☐ 3 T-Shirts
- ☐ 3 Shirts mit langem Arm
- ☐ 1 Hemd
- ☐ 1 dünnere Fleecejacke
- ☐ 1 dickere Fleecejacke
- ☐ 2 Paar Socken
- ☐ 2 Paar Wollsocken

Persönliches/Tagesbedarf

- ☐ Kulturbeutel, Handtuch
- ☐ Hygieneartikel (sämtliche Cremes, Seifen, Shampoos etc. sollten keine Parfüm- oder Duftstoffe enthalten, um das Risiko eines Bärenbesuchs aufgrund interessanter Gerüche zu vermeiden)
- ☐ Klopapier
- ☐ Sonnenschutz (Brille, Sonnencreme, Labello mit UV-Schutz)
- ☐ Moskitomittel (am besten von Off!)
- ☐ Erste-Hilfe-Tasche
- ☐ Bücher (gut für Zwangspausen bei schlechtem Wetter)
- ☐ Tagebuch
- ☐ Kartenmaterial
- ☐ GPS
- ☐ Spot-Messenger (für den Notfall)
- ☐ Fotoausrüstung mit wasserdichtem Fotorucksack
- ☐ Ersatzbatterien/-akkus
- ☐ Ladegeräte, Adapter für Amerika (110 Volt!)
- ☐ Stirnlampe
- ☐ Taschenmesser (evtl. Multitool)
- ☐ Messer mit feststehender Klinge

- ☐ Bärenspray, Taschenalarm
- ☐ Streichhölzer, Feuerzeug

Küche

- ☐ 1 Gaskocher und 8 Gaskartuschen (oder Benzinkocher)
- ☐ 1 kleiner Klapptisch
- ☐ 2 Lebensmitteltonnen à 80 l
- ☐ 1 große Plastikkiste mit Deckel für Konserven
- ☐ 2 Wassersäcke à 10 l
- ☐ 2 Trinkflaschen
- ☐ 1 Thermoskanne für Heißgetränke
- ☐ 2 Becher
- ☐ 2 tiefe Teller
- ☐ 2 flache Teller
- ☐ 2 x Besteck
- ☐ 1 Küchenmesser
- ☐ 1 Pfannenwender
- ☐ 1 Suppenkelle
- ☐ 1 Schneidebrett
- ☐ 1 Camping-Grillrost
- ☐ 2 Kochtöpfe (verschiedene Größen)
- ☐ 1 Pfanne
- ☐ Dosenöffner
- ☐ Plastikdosen für Gewürze und evtl. Essensreste
- ☐ Plastiktüten mit Zipper (sehr praktisch und oft gebraucht)
- ☐ Alufolie
- ☐ Reinigungsschwamm und -lappen
- ☐ Spülmittel (biologisch abbaubar)

Verpflegung

- ☐ 2 kg Kartoffeln
- ☐ 1 kg Mohrrüben
- ☐ 3 Paprika
- ☐ 3 kg Reis
- ☐ 2 kg Nudeln

Ausrüstung und Verpflegung für 2 Personen

- ☐ 5 kg Mehl
- ☐ 5 x Hefe, 5 x Backpulver
- ☐ 1 kg Zucker
- ☐ 1 kg Couscous
- ☐ 1 kg Gnocchi
- ☐ 2 kg Kartoffelbrei
- ☐ 8 Dosen Kidneybohnen
- ☐ 10 Tütensuppen
- ☐ 10 Pakete Trockennahrung
- ☐ 250 g Gemüsebrühe
- ☐ Salz, Pfeffer, verschiedene Gewürze
- ☐ 500 g Margarine
- ☐ 3 Brote
- ☐ 1 kg getrocknete Mettwurst
- ☐ 500 g Schinken
- ☐ 10 Wiener Würstchen
- ☐ 1 kg Käse
- ☐ 12 Eier
- ☐ 2 große Gläser löslicher Kaffee
- ☐ 1 großes Glas Milchpulver
- ☐ 2 Packungen Tee
- ☐ 1kg Peanutbutter
- ☐ 1 großes Glas Marmelade
- ☐ 3 kg Müsli
- ☐ 2 kg Pancake-Mix
- ☐ Bananen und Äpfel
- ☐ Kekse, Müsliriegel, Schokolade, Trockenobst

Die aufgezählten Lebensmittel reichen ca. 4 bis 6 Wochen, je nach Beliebtheitsgrad und Haltbarkeit. In vielen Orten kann man in Supermärkten oder kleinen „Wohnzimmerläden" einkaufen. Später werden die Sachen aber sehr teuer, und man kann sich nicht darauf verlassen, dass man gerade zu den Ladenöffnungszeiten ankommt. Ein gewisser Vorrat sollte für alle Fälle angelegt werden. Es kann immer sein, dass man ungewollt irgendwo festhängt, dann sind Essen und Trinken überlebenswichtig.

In folgenden Orten gibt es Geschäfte, in denen wir unsere Vorräte auffüllen konnten, in der Regel mit frischem Obst und Gemüse wie Äpfeln, Bananen, Mohrrüben, Kartoffeln, manchmal Paprika, Weißkohl und Orangen:

Carmacks, Dawson, Eagle, Circle, Fort Yukon, Beaver, Stevens Village (durchfragen, kleiner Laden im Wohnzimmer), Yukon Crossing (Restaurant, zum Mitnehmen gibt es nur Getränke und Süßigkeiten) Tanana, Galena, Kaltag, Grayling, Anvik, Holy Cross, Russian Mission, Marshall, Pilot Station, Mt. Village und Emmonak.

Buchtipp aus dem Conrad Stein Verlag

Alexandra Albert
**Sport und Natur -
bewusster draußen unterwegs**
OutdoorHandbuch Band 239
Basiswissen für draußen
156 Seiten
60 farbige Abbildungen
ISBN 978-3-86686-275-3

\>\> **ride with me.at**: „.... Wir von ridewithme empfehlen dieses Buch und sind auch sehr stolz darüber, dass wir ebenfalls kurz erwähnt werden in Punkto Mitfahrgelegenheit und Nachhaltigkeit ..."

\>\> **Für Sie**: ... kluge Tipps stehen in Alberts Buch „Sport und Natur ..."

Abenteuer & Fernweh

Zu Fuß zum Nordpol

Paul Quast

178 Seiten
50 Fotos
12,80 €

ISBN 978-3-9806849-1-1

Lebensfeindlich, kalt und abweisend – so stellt man sich die Arktis vor. Kaum jemand kennt die faszinierenden Reize dieser Region hoch oben im Norden. Paul Quast fängt den Leser wie kaum ein anderer zuvor mit dem Zauber des Nordens ein. Er schildert die anfänglichen Ängste und Zweifel, die dann umschlagen in eine euphorische Begeisterung und Liebeserklärung an den Nordpol. Für Interessierte gibt er Tipps und Ratschläge für den Aufenthalt in der Arktis.

Abenteuer & Fernweh

Afrika erleben –
Mit öffentlichen Verkehrsmitteln
von Marokko bis zum Kap

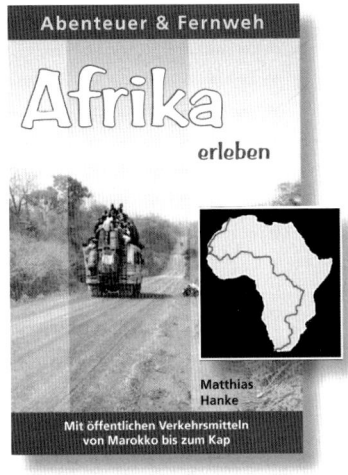

Matthias Hanke

160 Seiten
60 Fotos
12,80 €

ISBN 978-3-9806849-0-3

23.000 Kilometer sind es von Deutschland bis zum Kap der Guten Hoffnung. Matthias Hanke gelang die Durchquerung Afrikas auf der Route Marokko-Südafrika erstmals ausschließlich mit öffentlichen Verkehrsmitteln. Geschlafen hat er in Hotels, auf Busbahnhöfen, in den Zügen oder Fahrzeugen, im eigenen Zelt, im Gefägnis oder bei Einheimischen.
Die Gastfreundschaft der unter einfachsten Bedingungen lebenden Bewohner war oft überwältigend. Das Hauptinteresse galt zwar den Menschen – aber was wäre Afrika ohne die einzigartigen Naturwunder? Die Besteigung des Ruwenzori, der Ngorongoro-Krater und die Victoriafälle waren die spektakulärsten Stationen. Unvergessen sicherlich auch, als der Autor in Zimbabwe plötzlich nur wenige Meter vor einer Elefantenherde stand …